XINGZHENG FAZHI SHIYUXIA DE
ZHENGFU ZHINENG ZHUANBIAN YANJIU

行政法治视域下的政府职能转变研究

骆孟炎　周隆基　著

知识产权出版社
全国百佳图书出版单位

图书在版编目（CIP）数据

行政法治视域下的政府职能转变研究 / 骆孟炎，周隆基著. —北京：知识产权出版社，2017.10

ISBN 978-7-5130-5211-5

Ⅰ.①行… Ⅱ.①骆… ②周… Ⅲ.①政府职能—职能转变—研究—中国 Ⅳ.①D630.1

中国版本图书馆 CIP 数据核字（2017）第 254221 号

责任编辑：雷春丽　　**责任出版：**卢运霞

封面设计：SUN 工作室　韩建文

行政法治视域下的政府职能转变研究

骆孟炎　周隆基　著

出版发行：知识产权出版社有限责任公司　　网　址：http：//www.ipph.cn

社　址：北京市海淀区气象路 50 号院　　邮　编：100081

责编电话：010-82000860 转 8004　　责编邮箱：leichunli@cnipr.com

发行电话：010-82000860 转 8101/8102　　发行传真：010-82000893/82005070/82000270

印　刷：北京嘉恒彩色印刷有限责任公司　　经　销：各大网上书店、新华书店及相关专业书店

开　本：720mm×1000mm　1/16　　印　张：9.5

版　次：2017 年 10 月第 1 版　　印　次：2017 年 10 月第 1 次印刷

字　数：132 千字　　定　价：36.00 元

ISBN 978-7-5130-5211-5

目　　录

导　论　政府职能转变的“前世今生”

党的十八大以来，以习近平总书记为核心的党中央按照党的十八大报告提出的“行政体制改革是推动上层建筑适应经济基础的必然要求。要按照建立中国特色社会主义行政体制目标，深入推进政企分开、政资分开、政事分开、政社分开，建设职能科学、结构优化、廉洁高效、人民满意的服务型政府”的要求，继续深入推进行政体制改革。在行政体制改革的过程中，政府职能转变显然是行政体制改革的核心内容。对此，习近平总书记在十八届二中全会第二次全体会议上明确指出：“转变政府职能是深化行政体制改革的核心，实质上要解决的是政府应该做什么、不应该做什么，重点是政府、市场、社会的关系，即哪些事该由市场、社会、政府各自分担，哪些事应该由三者共同承担。”李克强总理在 2013 年十二届人大一次会议闭幕后举行的第一次记者招待会上也明确表示，这次国家机构改革方案核心是转变政府职能，当然也是简政放权。如果说机构改革是政府内部权力的优化配置，那么转变职能则是厘清和理顺政府与市场、与社会之间的关系。说白了，就是市场能办的，多放给市场。社会可以做好的，就交给社会。政府管住、管好它应该管的事。种种迹象表明，在以习近平总书记为核心的党中央领导下，新时期我国政府职能转变一定能够取得新突破、新进展。

一、政府职能的基本内涵

政府职能作为政府行为的核心内容，学术界对其认识不尽相同。例如许文惠认为，“政府职能，简单地说就是一个社会的行政体系在整个社会系统中所扮演的角色和所发挥的作用”。[①] 张国庆认为，“行政职能是狭义的政府即国家行政机关承担的国家职能，是相关政治权利主体按照一定的规则，经过一定的过程，通过多种表达形成实现彼此价值观念和利益关系的契合，从而赋予国家行政机关在广泛的国家政治生活、社会生活过程的各种任务的总称，是国家行政机关因其国家公共行政权力主体的地位而产生，并由宪法和法律加以明示规定的国家行政机关各种职责的总称”。[②] 夏书章认为，“行政职能是指行政机关在管理活动中的基本职能和功能作用，主要涉及政府管什么、怎么管，发挥什么作用的问题”。[③] 乔耀章认为，政府职能是“政府根据社会发展需要而应履行的职责及其所应起的作用与能力”。[④] 金太军认为，政府职能是“政府作为国家行政机关，依法在国家的政治、经济以及其他社会事务的管理中所应履行的职责及其所应起的作用”。[⑤]

通过对上述概念的列举，我们不难发现，当前学术界对政府职能的研究，主要集中在行政管理学领域，行政法学对政府职能的关注度显然不够。而且，行政管理学对政府职能的界定，最终落脚点在政府职责上。换言之，在行政管理学的视角下，职能就是职责。但是，在行政法学看来，职能应当包含职责和职权两部分。这样的划分掩藏着行政法学研究行政权力的一个基本逻辑：“职权因职责而产生。法律首先赋予了行政机关各种职责，为保证这些职责的完成，法律又授予行政机关以相应的职权和各种管理手段。离开了职责，职权和各种管理手段就失去了存在的根据。”[⑥]

---

① 许文惠、齐明山、张成福：《行政管理学》，人民出版社1997年版，第55页。

② 张国庆：《行政管理学概论》，北京大学出版社2000年版，第84页。

③ 夏书章：《行政管理学》，中山大学出版社1998年版，第49页。

④ 乔耀章：《政府理论》，苏州大学出版社2000年版，第245页。

⑤ 金太军：《政府职能的梳理与重构》，广东人民出版社2002年版，第4页。

⑥ 姜明安主编：《行政法与行政诉讼法》（第五版），北京大学出版社、高等教育出版社2011年版，第95页。

也就是说，行政法学更多的是在研究行政权的过程中对政府职能进行探讨和分析。这也决定了行政法学对政府职能的研究始终是沿着控制行政权力的逻辑展开的。正如有学者所言，政府职能的变迁，实质上反映的是政府疆域的变化。“不同时代、不同国度、不同地域行政‘疆域’的大小取决于相应时代、相应国度、相应地域的经济和社会发展状况、政治体制以及统治者信奉和实施何种治理理论（如‘全能政府’理论、‘无为而治’理论等）。”① 可见，行政法学对政府职能的关注点，其实是放在了为政府职能设定界限的维度上。因此，沿着这样的思维逻辑，我们认为，政府职能，是指行政主体依据一定的规则和程序，在为社会公众提供公共产品和公共服务的过程中享有的职权和职责。以此观之，政府职能具有以下特征。

（一）政府职能的主体是行政主体

行政主体概念是伴随着行政诉讼法的制定，从国外引进来的法律概念，与行政相对人共同构成我国行政法律关系的两极。虽然近年来，行政主体理论备受争议，但是主流观点仍然将行政主体作为政府职能的主体，置于行政组织法的核心位置。与行政管理学将政府职能的主体定位于政府、行政机关等不同，行政主体是一个标准的法律概念。按照王名扬先生的解读，“行政主体是实施行政职能的组织，即享有实施行政职务的权力，并负担由于实施行政职务而产生的权利、义务和责任的主体。行政主体有两层含义：（1）这是一个实施行政职务的主体。如果不是实施行政职务的主体，例如一个商业银行，不是行政主体；（2）这是一个负担权利、义务和责任的主体。实施行政职务是行政主体的必要条件，不是充足的条件。如果在实施行政职务时，不负担由此而产生的权利、义务和责任，不是行政主体，行政主体必须结合行使行政职务的权力和负担由此产

① 姜明安：“行政的‘疆域’与行政法的功能”，载《求是学刊》2002年第2期，第66页。

生的权利、义务和责任两层意义在内”。[①] 由此可见，行政主体的实质是通过行使行政权力而享有权利和独立承担义务的主体。在行政法学的意义上，行政主体应当包括三个要素：第一，行政主体是一种组织，而不是个人。这种组织包括行政机关和法律、法规授权的组织。第二，行政主体是指依法拥有行政职权并以自己的名义行使行政职权的组织。是否拥有行政职权是界定行政主体的重要标准。第三，行政主体是指能够承担自己行为所产生的法律责任的组织。这主要表现为能以自己名义参加行政诉讼并能成为行政诉讼的被告。[②]

（二）政府职能的来源是法律的设定和授权

政府职能来源于法律设定和有权机关授权，这是职权法定原则的要求。这实际上也明确了政府职能的两个来源：一是法律的设定，二是法律的授权。前者是指根据宪法和组织法的规定，在创设政府时，直接赋予政府的职能。例如，《中华人民共和国宪法》（以下简称《宪法》）第 89 条规定："国务院行使下列职权：（一）根据宪法和法律，规定行政措施，制定行政法规，发布决定和命令；（二）向全国人民代表大会或者全国人民代表大会常务委员会提出议案；（三）规定各部和各委员会的任务和职责，统一领导各部和各委员会的工作，并且领导不属于各部和各委员会的全国性的行政工作；（四）统一领导全国地方各级国家行政机关的工作，规定中央和省、自治区、直辖市的国家行政机关的职权的具体划分；（五）编制和执行国民经济和社会发展计划和国家预算；（六）领导和管理经济工作和城乡建设；（七）领导和管理教育、科学、文化、卫生、体育和计划生育工作；（八）领导和管理民政、公安、司法行政和监察等工作；（九）管理对外事务，同外国缔结条约和协定；（十）领导和管理国防建设事业；（十一）领导和管理民族事务，保障少数民族的平等权利和

---

① 王名扬：《法国行政法》，北京大学出版社 2007 年版，第 31 页。

② 石佑启：《论公共行政与行政法学范式转换》，北京大学出版社 2003 年版，第 140 ~ 141 页。

民族自治地方的自治权利；（十二）保护华侨的正当的权利和利益，保护归侨和侨眷的合法的权利和利益；（十三）改变或者撤销各部、各委员会发布的不适当的命令、指示和规章；（十四）改变或者撤销地方各级国家行政机关的不适当的决定和命令；（十五）批准省、自治区、直辖市的区域划分，批准自治州、县、自治县、市的建置和区域划分；（十六）依照法律规定决定省、自治区、直辖市的范围内部分地区进入紧急状态；（十七）审定行政机构的编制，依照法律规定任免、培训、考核和奖惩行政人员；（十八）全国人民代表大会和全国人民代表大会常务委员会授予的其他职权。”其中，前17项职权，就是宪法在创设国务院时，明确赋予国务院的行政职权。后者是指有权机关根据法定权限和法定程序，明确授予政府的职能。例如，《中华人民共和国个人所得税法》（以下简称《个人所得税法》）第12条规定，“对储蓄存款利息所得开征、减征、停征个人所得税及其具体办法，由国务院规定”。这是典型的由立法机关通过立法程序授予国务院的行政职能。

（三）政府职能的核心内容是公共产品和公共服务

所谓公共产品，是指供全体社会成员共同使用和消费的物品。它具有非竞争性和非排他性的特点。正如布坎南所言：“公共物品的显著特征就在于它的不可分性和非排他性。不可分性意味着一个灯塔可以由许多人实用，非排他性意味着排除服务的潜在使用者相对来说要付出很大的代价，并且是无效的。”[①] 根据公共产品是否是人类劳动的结果，我们将公共产品分为自然资源类公共物品和劳动产品类公共物品。前者是指公有的自然资源，如河流、矿产资源、公海中的海洋资源，这类公共产品不是人类劳动的成果，而是大自然赋予人类的宝贵资源。后者是指例如国防、治安、道路、公共图书馆等公共产品，它们是人类的劳动成果。公共服务是服务型政府建设中政府的一项基本职责。据李军鹏教授考证，最早的“公共

① 董礼胜等：《中国公共物品供给》，中国社会出版社2007年版，第13页。

服务”概念，是由法国公法学派代表莱昂·狄骥（Leon Dugui）于1912年提出来的。狄骥对“公共服务”的定义是：任何因其与社会团结的实现与促进不可分割，而必须由政府来加以规范和控制的活动，就是一项公共服务，只要它具有除非通过政府干预，否则便不能得到保障的特征。[①]围绕公共服务与公共产品的关系，学术界大致有两种观点：一种认为，公共产品是公共服务的一个子集。当我们只把公共产品生产作为公共服务提供整个过程中的一个重要环节，或者将公共产品作为公共服务实现或公共利益兑现的载体时，公共产品就可以作为公共服务的一个重要子集或者必不可少的组成部分。另一种认为，公共服务是公共产品的一个子集。例如，国务院在2012年发布的《国家基本公共服务体系“十二五”规划》（以下简称《“十二五”规划》）中指出：“把基本公共服务制度作为公共产品向全民提供，是我国公共服务发展从理念到体制的创新。”不仅如此，《“十二五”规划》还对公共服务的范围进行了列举，如图1所示。

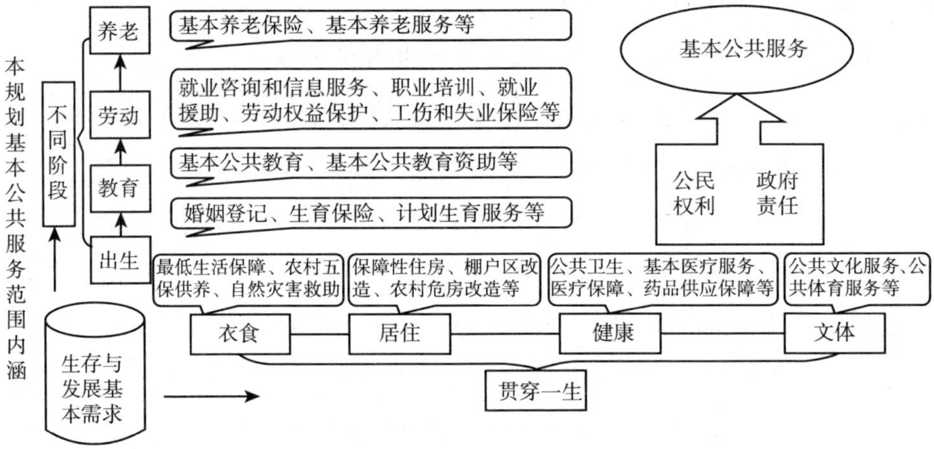

图1　《“十二五”规划》规定的基本公共服务范围

我们认为，公共服务和公共产品的区分，其学术意义远大于实际意义。所以，本书不对这两个概念做刻意地区分。换言之，公共服务的内容

① 李军鹏：《公共服务学》，国家行政学院出版社2007年版，第33页。

就是公共产品，公共产品首先有赖于公共服务。正如有学者所言：公共服务就是指政府及其公共部门运用公共权力，通过多种机制和方式的灵活运用，以提供各种物质形态或非物质形态的公共物品为载体，以维护与促进公平为宗旨，以发展和维护公共利益为目标的公共行为的总称。①

二、政府职能转变的历史回顾

新中国成立以后，政府的职能形态进行了两次转移，第一次转移是以政治职能为中心向以经济为中心的转移，政府职能虽然整合政治和社会职能，但职能模式取向于经济建设型政府；第二次转移是以经济职能为中心向以社会管理和公共服务为中心的转移，这次转移以建设服务型政府为目标。两次政府职能转变都发生在改革开放之后，所以，政府职能转变的提法应当是改革开放之后才有。

1984 年的《中共中央关于经济体制改革的决定》提出，政府要“实行政企职责分开，正确发挥政府管理经济的职能”。这是转变政府职能的意图首次进入中央文件。1988 年，国务委员宋平在七届全国人大一次会议上所作的《关于国务院机构改革方案的说明》，正式提出：“经济体制改革的进一步深化和政治体制改革的展开，要求相应地**转变政府机构的职能**和管理方式，调整机构设置的总体格局及其职责权限。”这是官方的文件首次正式使用“转变政府职能”这一术语。1992 年，邓小平发表南方谈话后，转变政府职能成为建立社会主义市场经济体制的重要内容。随着社会主义市场经济体制改革的深入推进，政府职能也随之发生转变。1992 年，党的十四大报告将“**加快政府职能的转变**”作为建立社会主义市场经济体制必须抓好的重要环节，并提出政府职能转变的主要任务是“政府的职能，主要是统筹规划，掌握政策，信息引导，组织协调，提供服务和检查监督。进一步改革计划、投资、财政、金融和一些专业部门的管理

① 郑晓燕：《中国公共服务供给主体多元发展研究》，华东师范大学 2010 年博士学位论文，第 15 页。

体制，同时强化审计和经济监督，健全科学的宏观管理体制与方法。合理划分中央与省、自治区、直辖市的经济管理权限，充分发挥中央和地方两个积极性。”可见，**这一时期，我国政府职能转变的重心是实现从政治职能向经济职能的转变**。1993 年，党的十四届三中全会通过的《中共中央关于建立社会主义市场经济体制若干问题的决定》提出：“政府管理经济的职能，主要是制订和执行宏观调控政策，搞好基础设施建设，创造良好的经济发展环境。同时，要培育市场体系，监督市场运行和维护平等竞争，调节社会分配和组织社会保障，控制人口增长，保护自然资源和生态环境，管理国有资产和监督国有资产运营，实现国家的经济社会发展目标。政府运用经济、法律和必要的行政手段管理国民经济，不直接干预企业的生产经营活动。”1997 年党的十五大继续重申，要“按照社会主义市场经济的要求，**转变政府职能**，实现政企分开，把企业生产经营的权力切实交给企业”。2000 年，中共中央在《关于制定国民经济和社会发展第十个五年计划的建议》中明确要求：“继续推进行政管理体制改革和机构改革，按照发展社会主义市场经济的要求，进一步转变政府职能，实现政企分开。**政府要集中精力搞好宏观经济调控和创造良好的市场环境，不直接干预企业经营活动，减少对经济事务的行政性审批**。推进投融资体制改革。继续改革和精简政府机构，建立廉洁高效、运转协调、行为规范的行政管理体制。”

20 世纪 90 年代末，学术界开始提出建设服务型政府的目标，2002 年，江泽民同志在十六大报告中指出：“完善政府的经济调节、市场监管、社会管理和公共服务的职能，减少和规范行政审批。”这是党的文件首次将公共服务定位为政府的四大职能之一（经济调节、市场监管、社会管理和公共服务职能）。此后，服务型政府建设在政府职能中的地位和影响日益突出。2004 年 3 月，温家宝在《政府工作报告》中指出：各级政府要“在继续搞好经济调节、加强市场监管的同时，更加重视履行社会管理和公共服务职能”。同年，国务院发布的《全面依法行政实施纲要》不仅对“转变政府职能”进行了详细的论述，而且还特别提出，要完善政府的公共管理和公共服务职能，“强化公共服务职能和公共服务意识，简化公共服务程序，降低公共服务成本，逐步建立统一、公开、公平、公正的现代公共服务体制”。2005 年 10 月，党的十六届五中全会通过《中共中央关于制定国民经济和社会发展第十一个五年规划的建议》，强调要“继续推进政企分开、政资分开、政事分开、政府与市场中介组织分开，减少和规范行政审批。各级政府要加强社会管理和公共服务职能，不得直接干预企业经营活动”。这表明，**新一轮的政府职能转变开始与服务型政府建设结合在一起**。政府职能转变从 20 世纪 90 年代强调由政治职能转向经济职能逐渐转变为强调政府的服务职能。此次政府职能转变的背景是，由于政府面临着公共服务需求增长迅速与公共产品供给严重不足的矛盾。政府通过职能转变来化解这个矛盾，进一步扩大公共服务职能，解决好民生问题。因此，要求政府职能必须转变到为市场主体创造公平的竞争环境和提供高质量的公共服务上来。

相较于前两次政府职能转变，十八大以来的新一轮政府职能转变，无论在广度和深度，还是在定位和措施等方面都有了前所未有的突破。李克强总理指出：“这次国务院机构改革和职能转变，是在改革开放以来历次机构改革、简政放权的基础上进行的。其特点是改革方案把机构改革和职能转变有机结合起来，把职能转变作为核心，把行政审批制度改革作为突破口和抓手，这是我们思路的进一步创新。转变政府职能，就是要解决好政府与市场、政府与社会的关系问题，通过简政放权，进一步发挥市场在资源配置中的基础性作用，激发市场主体的创造活力，增强经济发展的内生动力；就是要把政府工作重点转到创造良好发展环境、提供优质公共服务、维护社会公平正义上来。也就是说，既要把该放的权力放开、放到位，又要把该管的事务管住、管好，这不仅是当前形势下稳增长、控通胀、防风险的迫切需要，也是保持经济长期持续健康发展的重大举措，是我国经济社会发展到这一阶段的客观要求。”① 可以说，此次政府职能转变，从广度上来说，既涉及政府、市场和社会的横向关系定位，又涉及中央和地方的纵向事权划分；从深度来说，突破了将政府职能转变局限于行政体制改革的思路，明确了经济体制改革仍然是全面深化改革的重点，经济体制改革的核心问题仍然是处理好政府和市场关系，而政府与市场关系的关键在于市场在资源配置中发挥决定性作用；从目标定位上来说，本轮政府职能转变与国家治理现代化结合在一起，将政府职能转变目标定位为政府治理的现代化。“而政府治理的现代化，就是在中国共产党领导下，形成政府、企业、社会组织和公民多主体共同治理，形成‘一元主导、多方参与、协同治理、交互作用’的基本格局和体系结构，并且提升相关主体的治理能力”②；从措施上来说，采取了包括中央与地方事权划分、政府权力清单、行政审批制度改革、优化公共服务、改革行政机构等一系列措施，全方位推进政府职能转变。

---

① 李克强：《在国务院机构职能转变动员电视电话会议上的讲话》，http：//news. xinhuane. com/poli ics/2013 -05/15/c_ 115767422htm，2015 年 12 月 2 日访问。

② 王浦劬：“转变政府职能的六大理论问题”，http：//www. chinareform. ne。/show. php？ id = 21309，2015 年 12 月 30 日访问。

第一章　行政法治：政府职能转变的理论基础

现代政府职能的转变必须在法治的框架内进行，这已经是一个不争的事实。“从与古代法治对立的意义上来说，现代法治的精髓是政府各部门的依法行政、依法审判和规范立法，也就是依法治国。正如英国学者哈耶克所说：‘法治意味着政府的全部活动应受预先确定并加以宣布的规则的制约——这些规则能够使人们明确地预见到在特定情况下当局将如何行使强制力，以便根据这种认知规划个人的事务。’美国法学家富勒表达了同样的见解，他说：‘法治的实质必定是：在对公民发生作用时（如将他投入监狱或宣布他据以主张财产权的证件无效），政府应忠实地运用预先宣布的应由公民遵守并决定其权利和义务的规则，如果法治不是指这个意思，它就毫无意义。’”①

第一节　行政法治的历史发展

一、国外行政法治的历史发展：以德国为例的考察

探讨行政法治的发展史，必须将其与法治国的发展历程结合在一起。

① 转引自张文显：《法哲学通论》，辽宁人民出版社2009年版，第368页。

因为“法治国思想的基本精神在于使国家公权力从属于法律，这种精神在行政领域的体现就是行政法治原则，即作为国家公权力之一的行政权也应受到法律的支配”。[①] 众所周知，法治国思想是德国的产物，因此，我们对国外行政法治的历史考察，就以德国为样本展开叙述。

关于德国法治国的历史发展，学者们有着不同的观点。例如，刘刚认为，德国的法治国发展经历了：（1）开明君主制时期。以理念的形式与绝对君主制的结合，通过君主自觉遵守法治理念而使绝对君主制变为开明君主制；（2）君主立宪时期。君主立宪制是德国法治国历史发展中的关键阶段，在某种意义上甚至可以说君主立宪制是最能展现法治国的政治诉求的政体格局，其最根本的政治诉求是制约国家权力；（3）宪政民主制时期。在民主制下，实现法治国原则所要求的制约议会之诉求的方式有两种：其一，宣称宪法至上和基本权利保护；其二，确立某种形式的宪法守护机制。

（一）前法治国时期的行政法治

德国在进入法治国之前这段时期，按照德国行政法学家奥托·迈耶的观点又可以分为邦君权国与警察国两个阶段。其中，邦君权国时期一般指的就是始建于公元919年的神圣罗马帝国（史称“德意志第一帝国”）于13世纪中期开始走向封建割据至18世纪中期这段时间。在邦君权国时期，因皇权式微、地方封建势力强大，建立了不少的邦君权国，从而导致德意志帝国始终都不是一个中央集权的统一国家。但是，很多侯国却初步实现了统治权与行政权的分离。“为了有所因应，新的管理机制必须发展而出，侯国乃改变成为具有专业性与中央集权之性质，侯国君主必须建立起‘去属人化’之行政，亦即其必须建立持续性、制度化而且上下关联之职位与官署，现代性国家之轮廓已经形成。”[②] 由于“当时既没有公法

① 周佑勇：《行政法基本原则研究》，武汉大学出版社2005年版，第25页。
② 翁岳生编：《行政法》（上册），中国法制出版社2009年版，第44页。

和私法的划分，也没有超越国家权力之上的统一的、普遍认可的法律。实际上存在的是领主与臣民追求幸福的权利相对的政治法。”[①]所以在邦君权国时期是不存在真正意义上的行政法的，也是没有现代意义上的行政法治这一概念的。

属于神圣罗马帝国时期最强大的邦国之一的普鲁士自从腓特烈二世当政至 1871 年德意志第二帝国成立这段时期一般被认为是德国的警察国期间。“警察国是旧的法律形态和现在的法律形态之间的过渡阶段，是新的国家制度的孕育者。”[②]即这一时期是链接德国中世纪专制主义的邦君权国与近代君主立宪主义的法治国的中间一环。在这一时期，随着欧洲资产阶级启蒙思想在德意志民族的传播，尤其是 1803 年帝国专员委员会推行的国家统一，使得某些开明邦君主开始积极地进行国家政策改革，标志着德意志民族进入开明君主专制主义时期，“成为通向宪政国家道路的先声”。[③]正是在这一背景下产生了国家在行使不同的国家行为时在法律意义上被划分为不同身份的公、私法人的国库理论。当臣民与国家发生财产上的争议时，不但可以诉讼并且是作为民事案件受普通民事法院管辖的，当然也是适用民法规范来裁判的。但是只能列国库为被告，国库才是具有私法人人格的适格被告。如果国家在公共行政中以公法人的身份侵害了臣民的个人权利，那么臣民是不可以以国家为被告提起诉讼的，因为此时的行政机关具有公法人的身份不可诉。这一理论使得国库成为国家的替罪羊，国家仍然以其公法人的身份进行着高权行政，行政的范围几乎涉及所有的生活领域。这一时期虽然出现了公、私法人二元化的分类，“但是，专制君主（领主）作为绝对的法律卫士和自由的法律创造者（这是‘绝对’一词的含义），根据必要性和公共利益条款可以变更或者废除实在法，甚

① ［德］汉斯·沃尔夫、奥托·巴霍夫、罗尔夫·施托贝尔：《行政法》（第一册），高家伟译，商务印书馆 2002 年版，第 67 页。

② ［德］奥托·迈耶：《德国行政法》，刘飞译，商务印书馆 2013 年版，第 57 页。

③ ［德］汉斯·沃尔夫、奥托·巴霍夫、罗尔夫·施托贝尔：《行政法》（第一册），高家伟译，商务印书馆 2002 年版，第 70 页。

至可以通过其公权请求权干预救济程序。”[①] 并且由于国家的“司法”和“行政”职能都是由行使国家高权行政任务的行政机关来行使的，因此在警察国时期也是不存在现代行政法治理念和制度形式的。但是，法治国理念在这一阶段毕竟“促成国家目的的转变，国家不再以实现神的意志为宗旨，而是把保障人的尘世安宁作为自身目的”。[②] 特别是在1848年革命以后，德国法治国理念获得了一定的机制保障，为现代行政法治的确立奠定了基础。

（二）形式法治国时期的行政法治

随着欧洲资本主义经济发展进入自由资本主义阶段，资产阶级提倡经济自由主义或自由放任主义，强烈要求实行完全的自由竞争政策，反对封建割据和闭关自守，主张国家不干预经济生活。其在政治上提出的要求就是以“自由”“平等”“博爱”为口号建立资产阶级民主共和国。在英、法、美各国的资产阶级相继采取不同的方式取得资产阶级革命的胜利掌握国家政权之后，德国的专制邦国之一普鲁士通过发动相当于德国资产阶级革命的三次王朝战争实现了德意志的统一，于1871年建立了德意志第二帝国，通过制定帝国宪法以及实行一系列的自上而下的改革，德国自由资本主义经济开始进入全面发展的时期。与经济发展的诉求相呼应，德国在法治建设方面开始盛行法律实证主义思想。对于法律实证主义的追求恰好切合了当时自由资本主义经济发展对于自由以及公民个人权利保障的要求。而这一时期法律实证主义的目的就是要建立以对国家权力限制为目标的宪政制度。按照德国学者的阐述，这种建立在法律形式主义基础上的宪政制度具有以下特点：“（1）国家权力的行使只能根据按照宪法制定的、明确的，因而不能随意变更的法律（合宪性、宪法正当性）。（2）划分国家权力，不同的国家活动由不同的、独立的、相互制衡和监督的国家机关

① ［德］汉斯·沃尔夫、奥托·巴霍夫、罗尔夫·施托贝尔：《行政法》（第一册），高家伟译，商务印书馆2002年版，第71~72页。

② 刘刚：“德国‘法治国’的历史由来”，载《交大法学》2014年第4期，第16页。

实施。(3) 所有的公民在法律面前一律平等。(4) 确认公民的个人自由空间以及由此产生的基本权利。(5) 人民参与国家权力的行使，特别是立法。(6) 国家活动具有规则性和可预测性，以确保公民自由和财产的安全。(7) 以法治取代人治，君主不是主权者，而是国家机关。"[①] 这一时期行政法学发展的影响就是催生了严格的依法行政原则。"根据依法行政原则，对公民自由和财产的侵害必须得到（公民代表组织制定的）法律授权（所谓的法律保留），正式法律只能通过新的正式法律修改，行政机关不得变更、废除或者废止法律（所谓的法律优先）。"德国行政法治正式进入形式法治国时代或自由法治国时代。

"自由法治国中的行政法是通过一种财产构成性社会而实现着个人自由，以此行政法使得行政机关和行政相对人的关系成为一种法律关系。自由主义（时代）的国家目标是通过警察命令和捐税决定以创设对个人自由空间的'干涉'行政，由此构建的行政法学是关于无目的法律形式的公权力行政的学说。[②]" 即为了最大程度的保证公民个人自由的实现，奉行"管理的越少的政府就是越好的政府"，国家行政范围仅限于安全与良好社会秩序的保障，国家只要做好"守夜人"的角色即可，这就是形式法治国时期的秩序行政。行政机关行使国家职权要严格依照法律规定或者说形式上符合法律规定即可，即要依法行政且此处的"法"仅限于由议会制定的法律，几乎无自由裁量权。同时，在法治国家，按照分权制衡原则，国家权力一般被分为立法权、行政权、司法权，行政机关在行为时不但要依法律行政，在事后还要受到司法机关的审查，即"行政权受立法权所发生的法律的约束，并且还有司法权来监督行政机关行为的合法性"[③]。公民个人的"追求幸福的权利"在国家提供的秩序良好的社会中

---

① ［德］汉斯·沃尔夫、奥托·巴霍夫、罗尔夫·施托贝尔：《行政法》（第一册），高家伟译，商务印书馆2002年版，第75页。

② ［德］彼得·巴杜拉："论自由法治国和社会法治国中的行政法"，曾文远译，载《人大法律评论》2013年卷第二辑，第90页。

③ ［德］奥托·迈耶：《德国行政法》，刘飞译，商务印书馆2013年版，第1页。

通过其行为的合法性就可以自然而然地实现，这并非国家的事，因此国家在这种理念下若想运用“公权力”对公民个人的财产和自由（私权利）进行干涉就必须严格按照这些私权利的享有者的民主代议机构议会（立法者）制定的法律行使才具有合法性，作为自由法治国时期德国行政法先驱的奥托·迈耶用一句话阐明了形式法治国时代这种行政法治的本质，即“无有关行政的法律和无行政行为（制度），则国家不是法治国家”，因此该时期的行政也被称为“干预行政”。

（三）实质法治国时期的行政法治

随着资本主义经济进入私人垄断阶段，“工业社会逐渐加重的威胁性社会问题”，如过分强调自由竞争、贫富分化严重、资产阶级与无产阶级矛盾加深、周期性的生产过剩危机的频繁爆发等，这些现实社会问题迫使国家作出反应，国家的职责不仅仅限于为经济繁荣提供安定的社会秩序，还应该为社会的实质的公平正义承担责任，尤其应为经济社会上的弱者提供基本的生活需求保障。两次世界大战的惨痛经历，使得人们不得不考虑对于法治国概念的重建以及对于国家目的的再定位。“实证主义由于相信‘法律就是法律’，使德国法律界毫无自卫能力来抵抗具有专横的犯罪内容的法律。在此方面实证主义根本不可能依靠自己的力量来证立法律的效力了。……然而在权力基础上所建立，或许只有必然，但从来不会是应然和价值。”① 因此“二战”后，形式法治国时期所追求的形式上的平等遭到人们的反思与批判，自然法的复兴也被认为主要地是来自纳粹的惨痛经历。我们也可以看出该时期对于国家目的的再定位与马克思主义革命理论的不同。它主张通过国家的给付性社会改革来解决社会问题，而不是马克思主义者们所主张的通过对资本主义社会秩序的革命性颠覆而实现。即国家应当通过积极地“社会政策”来贯彻“社会公正”的理念，并由此成

① ［德］拉德布鲁赫：“法律的不法与超法律的法”，舒国滢译，见郑永流主编：《法哲学与法社会学论丛》，中国政法大学出版社2001年版，第436页。

为一个“社会国家”，其显著标志就是公民对于政府的给付请求权的产生，德国开始进入实质法治国时期。

实质法治国在行政领域的体现就是社会法治国的产生。对其最具代表性的定义就是“社会国意味着扶助弱者，致力每一个人的尊严的生存保障，并依据正义原则，分配经济资源；……因此，社会国的概念是指，国家对社会正义、公共福祉与社会安全，通过制定规范、法院判决、收取捐税和提供补助等方式，对人民的请求负有广泛的责任，或者是依据宪法应该负有这种责任”。[①] 在该背景下，“行政的机构设置和内部结构实际上并没有变化”，但政府的职能却得到极大地扩张，已从自由法治国时期的“夜警人”变成了“从摇篮到坟墓的”全能型政府，以至于被当代国家称为“行政国家”。政府要对经济和社会生活进行全面的干预，不仅为公民提供安全的社会环境，还要为提供促进其各方面全面发展的给付与设施服务，积极地为国民提供“生存照顾”，因此该时期的行政也被称为“给付行政”。此时的立法者在法律的制定时更加注重法律的实质公平以及其他隐藏在法律条文背后的价值的追寻，依法行政不再是行政机关作出行政行为时所遵循的唯一原则，同时还有保障公民对于行政行为的信赖、行政效果与手段之间要符合比例，等等。这些都表明行政目的由之前的对合法性的单一性追求向合法性、合目的性追求的转变，行政权的行使由自由法治国时期的“依法律行政”变成真正的“法治行政”。

二、我国行政法治的历史发展

由于我国没有法治文化的传统积淀，且受我国封建专制传统政治文化影响较深，我国的政府历来都是全能集权式的，导致我国的法治建设整体起步较晚，即便是改革开放之后很长一段时间也并没有在我国的政治或者国家层面上有所正式体现。“行政法治”这一概念是 20 世纪 90 年代才有

---

① 许育典：《宪法》，元照出版公司 2006 年版，第 77 页。

的。1993 年，李鹏总理在八届人大一次会议所做的政府工作报告中第一次正式提出“依法行政”，要求“各级政府都要依法行政，严格执法办事。一切公职人员都要带头学法懂法，作执法守法的模范”。1997 年，党的十五大报告第一次确立了依法治国的基本方略。1999 年 3 月，“依法治国，建设社会主义法治国家”才被正式写入我国宪法，标志着我们国家开始逐渐摒弃“人治”向“法治国家”迈进，是我国政治文明取得的一项重大进步。自此以后，依法执政与依法行政成为推进我国“依法治国”的两个着力点。国务院于 2004 年 3 月颁布的《全面推进依法治国实施纲要》明确提出了我国依法行政的目标是建设“法治政府”，该实施纲要构建起了我国行政法治建设的完整机制：主体是政府，途径是依法行政，内容是合法行政、合理行政、程序正当等七个方面。

第二节　行政法治的基本原则

英国学者韦德结合行政法阐述了法治的基本含义。他认为，“法治的第一层含义是，任何事件都必须依法而行。将此原则适用于政府时，它要求每个政府当局必须能够证实自己所做的事是有法律授权的，几乎在一切场合都意味着有议会立法的授权。第二层含义是，政府必须根据公认的、限制自由裁量权的一整套规则和原则办事。行政法的许多原则是用以限制议会立法非常随便地向部长们和其他当局授予巨大权力的原则。法治的实质是防止滥用自由裁量权的一整套规则。第三层含义是，对政府行为是否合法的争议应当由完全独立于行政之外的法官裁决。第四层含义是，法律必须平等地对待政府和公民”。[①] 通过对中外行政法治历史的梳理，我们不难发现，行政法治在不同的时代确实有不同的内涵，但是贯穿始终的却

① ［英］威廉·韦德：《行政法》，徐炳译，中国大百科全书出版社 1997 年版，第 25～27 页。

是行政法治的基本原则。也正是因为这些基本原则的约束，才使得行政法治从来没有偏离法治的轨道，并且日臻完善。自从奥托·迈耶在《德国行政法》一书中提出行政法治的基本原则以来，对行政法治的研究一直遵循着奥托·迈耶设定的基本框架进行。我们也采纳奥托·迈耶的观点，将行政法治的基本原则划分为职权法定原则、法律优先原则、法律保留原则，下面分述之。

一、职权法定原则

职权法定原则，又称法律创制原则，是“法无明文规定即禁止”的公权力运行原则在政法领域的直接体现，是行政法治的首要原则。正如法国启蒙思想家罗伯斯庇尔所说：“人民是主权者，政府是人民的创造物和所有物，社会服务人员是人民的公仆。”① 自近代资产阶级革命以来，西方国家大多以天赋人权、人民主权、法律至上等基本原则作为其实行民主宪政的理论基础，人民才是国家权力的所有者，且实行代议民主制，这就导致了权力的所有者与权力行使者的分离。于是又把“法治”“三权分立”确立为实施宪政所应遵守的基本原则来预防公权力行使者权力的滥用，行政权作为国家三大公权力之一，自然也是要受到法治原则的制约的，而作为行政权运行起点的行政机关职权来源的合法性就成为行政法治首先要回答的问题。

职权法定原则，即行政机关一切职权都来源于法律的授予。奥托·迈耶在《德国行政法》中谈及法治原则的构成时，首先强调的就是职权法定。迈耶认为，“合乎宪法的法律的最重要的特征是包含于其中的权力，即作为法律规定施行的能力，这也是法律得以命名的原因。法律规定是应对每个人都适用的决定，这个决定使得一个人依照普遍标准描述的事实得以实现”。② 行政权作为一项国家权力，自然也只有包含于法律之中，才

---

① ［法］罗伯斯庇尔：《革命法制和审判》，赵涵舆译，商务印书馆2012年版，第4～5页。

② ［德］奥托·迈耶：《德国行政法》，刘飞译，商务印书馆2002年版，第68页。

能获得合法性地位。“公权力的作用有赖于普遍的、事先确定的标准，并依据固定的规则实施。法律规定就是完全具有约束力的规则。”① 职权法定原则不仅是民主宪政的内在要求，也是遏制腐败的手段之一。其基本含义是：行政机关的创设以及职责职权都要有法律的规定或者授予，行政机关在行使权力作出决定时首先要考虑的就是对该事项法律是否授权给他，有没有自由裁量的余地，即“法无规定即禁止”，否则就构成越权无效。职权法定原则是规范和控制行政权的第一步，它要求行政机关的一切职权都必须在法律的规定内活动，不得滥用职权或者越权随意侵害公民的合法权益，因为对于公民的私权利而言“法无明文规定即自由”。由此可见，职权法定的基本特征就是主体的法定性、权力的有限性与授权的明确性。

职权法定原则是行政法治的基础原则，对于我国当前全面推进依法治国的迫切需要更具有十分重大的意义。在我国行政机关的职权主要是指中央政府及其所属部门和地方各级人民政府及其所属部门按照宪法与组织法的相关规定所享有的各种职权或者说对哪些事项享有治理的权力，例如，我国现行《宪法》第89条就明确规定了国务院的职权：“（一）根据宪法和法律，规定行政措施，制定行政法规，发布决定和命令；（二）向全国人民代表大会或者全国人民代表大会常务委员会提出议案；（三）规定各部和各委员会的任务和职责，统一领导各部和各委员会的工作，并且领导不属于各部和各委员会的全国性的行政工作；（四）统一领导全国地方各级国家行政机关的工作，规定中央和省、自治区、直辖市的国家行政机关的职权的具体划分；（五）编制和执行国民经济和社会发展计划和国家预算；（六）领导和管理经济工作和城乡建设；（七）领导和管理教育、科学、文化、卫生、体育和计划生育工作；（八）领导和管理民政、公安、司法行政和监察等工作；（九）管理对外事务，同外国缔结条约和协定；（十）领导和管理国防建设事业；（十一）领导和管理民族事务，保障少

① ［德］奥托·迈耶：《德国行政法》，刘飞译，商务印书馆2002年版，第76页。

数民族的平等权利和民族自治地方的自治权利；（十二）保护华侨的正当的权利和利益，保护归侨和侨眷的合法的权利和利益；（十三）改变或者撤销各部、各委员会发布的不适当的命令、指示和规章；（十四）改变或者撤销地方各级国家行政机关的不适当的决定和命令；（十五）批准省、自治区、直辖市的区域划分，批准自治州、县、自治县、市的建置和区域划分；（十六）依照法律规定决定省、自治区、直辖市的范围内部分地区进入紧急状态；（十七）审定行政机构的编制，依照法律规定任免、培训、考核和奖惩行政人员；（十八）全国人民代表大会和全国人民代表大会常务委员会授予的其他职权。”蔡定剑教授在对本条进行解释时指出：“把宪法对国务院各项职权的规定与关于全国人大第十五项职权（即应当由最高国家权力机关行使的其他职权）的规定相比较，可以得出，国务院只能行使宪法明文规定的职权和全国人民代表大会与全国人大常委会授予的其他职权，而不能行使法律没有规定的其他职权。”① 这正是对职权法定原则的阐述。职权法定是规范和约束行政权力合法运作的基础和前提，也是在实践中判断行政权力是否合法运作的首要标准。《行政诉讼法》赋予人民法院对超越职权的判断权，其判断依据正是职权法定原则。

二、法律优先原则

法律优先是行政法治的另一项基本原则。奥托·迈耶认为：“以法律形式出现的国家意志优先于所有以其他形式出现的国家意志；法律只能以法律形式才能废止，而法律却能废止所有与之冲突的意志表达，或使之根本不起作用。这就是我们所说的法律优先。”② 此后，日本、德国等大陆法系国家都陆续将法律优先原则作为行政法治的基本原则之一。例如，德国学者哈特穆特·毛雷尔认为，“法律优先原则是指行政应当受现行的法

① 蔡定剑：《宪法精解》，法律出版社2006年版，第380页。
② ［德］奥托·迈耶：《德国行政法》，刘飞译，商务印书馆2002年版，第70页。

律的拘束，不得采取任何违反法律的措施”。[①] 日本学者南博方也认为，“法律的优先，即一切行政行为都不得违反法律，且行政措施不得在事实上废止、变更法律。这一原理适用于权力性行为、非权力性行为，侵益行为、授益行为，以及事实行为等一切行政活动”。[②] 通过对德、日等国学者的观点分析可知，德、日学者往往是在比较宽泛的行政行为的范围上来论述定义法律优先这一原则的，我国台湾地区的行政法学者也大都采用这一释义，并且将法律优先原则称为“消极的依法行政”。例如，陈清秀就认为：“所谓法律优越原则，以及消极意义之依法行政原则，系指一切行政权行使，不问其为权力的或为非权力的作用，均应受现行法律之约束，不得有违反法律之处置而言。”[③] 而我国大陆的行政法学者则大都将该原则适用于法律（狭义的法律）与行政立法的关系上以解决法律位阶问题，即强调法律优先于行政立法，例如，周佑勇认为：“法律优先原则的基本涵义是指法律对于行政立法即行政法规和行政规章的优越地位。从这个角度而言，法律优先实质上强调的是法律的位阶体系。”[④]

既然法律优先的基本含义是指法律优先于行政立法，那么我们可以根据其具体含义导出“根据法律”与“不得抵触”两个派生原则。而这两个派生原则都是建立在对法律位阶的解读基础上的。我国现行的立法体制，从立法权限划分的角度看，是中央统一领导和一定程度分权的，多级并存、多类结合的特色甚浓的立法体制。在建设中国特色社会主义法律体系的过程中，我国的法律在数量和内容上已经呈井喷式增长。而伴随这一增长进程的，是立法内容的参差不齐。因此，强调法律（狭义的法律）在法律位阶中的优越性，对于提高立法质量，维护法制统一就显得格外重要。所谓法律位阶，是指“一部法律在一个国家法律体系中的纵向地

① ［德］哈特穆特·毛雷尔：《行政法学总论》，高家伟译，法律出版社 2000 年版，第 103 页。
② ［日］南博方：《日本行政法》，杨建顺等译，中国人民大学出版社 1988 年版，第 10 页。
③ 翁岳生编：《行政法》（上册），中国法制出版社 2009 年版，第 185 页。
④ 周佑勇：《行政法基本原则研究》，武汉大学出版社 2005 年版，第 175 页。

位”①。而对于法律（狭义的法律）所应占的位阶认识，即法律为效力最强的国家意志。我国台湾地区的学者陈清秀也认为，“基于‘宪法’所定‘主权在民’的民主原则，行政权之行使应基于国民之意思，为国民之利益为之，故代表人民之立法机关所制定之法律，自应优越于行政机关所颁布之行政命令”。②

法律优先作为划分我国法律位阶的原则标准，已不仅仅适用于国家立法权限与行政立法权限的区分，现在引申为各种法律规范（法律体系）之间存在法律效力上的高低有序的位阶，上位法的效力优越于下位法，下位法的制定不得与上位法相抵触或必须以上位法为依据，否则下位法就是无效的。应松年教授认为，“法律优先具有以下含义：第一，在已有的法律规定的情况下，任何其他法律规范，包括行政法规、地方性法规和规章，都不得与法律相抵触，凡有抵触，都以法律为准。同样，凡是上一位阶的法律规范已经对某一事项作出规定的，下一位阶的法律规范不得与之相抵触。第二，在法律尚未规定，其他法律规范作了规定时，嗣后一旦法律就此事项作出规定，法律优先，其他法律规范的规定都必须服从法律。同样，在上位阶法律规范尚无规定，下位阶法律规范作了规定时，一旦上位阶规范就此事项作出规定，下位阶规范必须服从。”③ 在我国，当前的法律体系位阶的划分一般就是：宪法优于法律，法律优于行政法规、地方性法规、行政规章（部门规章与地方政府规章），行政法规优于地方性法规、行政规章（部门规章与地方政府规章），地方性法规优于同级地方政府规章以及下级地方性法规及其同级地方政府规章。

---

① 张根大：《法律效力论》，法律出版社1999年版，第186页。
② 翁岳生编：《行政法》（上册），中国法制出版社2009年版，第185页。
③ 应松年：《行政法学新论》，中国方正出版社1999年版，第45~46页。

三、法律保留原则

1882年6月14日，普鲁士高等行政法院作出的著名的“克罗依茨贝格判决”被公认为是法律保留原则在司法案例中首次得到确立的判例。在该案中，警察机关以有碍柏林克罗依茨贝格区胜利纪念塔的观瞻及景观为由限制某地区内建筑物许可的高度，而法院判决该警察禁令无效的 理由就是：该禁令涉及公民的福利保护措施，并不属于警察机关的职权范围，当时警察机关的职权依据1794年《普鲁士普通邦法》中的规定仅是“维护必要的公共安宁、安全和秩序，并排除公众或其个别成员所面对的危险”。1886年，奥托·迈耶在其撰写的《法国行政法原理》一书中首次提出了法律保留的概念，认为行政权必须依附在法律之下，行政只有获得法律的授权，方能干涉人民的自由与财产；就立法方面来说，某些重要的事项只能由议会制定法律来进行调整，行政机关不得以行政立法的方式为公民的权利和自由设置任何限制或拘束。

当然，上文是以干预行政为主的自由法治国时期对于法律保留原则的经典概述。在自由法治国时期，传统自由主义思想盛行，私人权利和自由神圣不可侵犯，人民通过代表人民意愿的代表机关，如议会制定法律的方式对政府权力或者君主的专制进行限制以防范其对公民个人权利与自由的侵犯，也就是实行法治，因此行政机关对公民自由和财产的干预必须要以对干预的事项、范围和目的进行明确规定的法律为依据才可以。然而，随着社会的快速发展，尤其是20世纪“给付行政”“福利行政”的出现，政府的职能得到了极大地扩张，宪政国家进入社会国家或者行政国家，之前拥有完整立法权的议会也不得不把一部分立法事项授予行政机关，即实行授权立法，使得议会保留或者绝对保留向相对保留或者间接法律保留方向发展。因此，奥托·迈耶在1895年出版的《德国行政法》中，对法律保留这一概念进行重新地定义与完善，“奥托·迈耶首先改变了先前对行政的法律依附性的认识，认为行政有其自行作用的领域——主要是国家没有干涉个人自由与财产的‘政府行为’（如当时正在兴起的社会保险方面的行政）以及特别权力关系；而法律保留，就是指在行政自行作用的范围以外，议会法律是行政的必要基础，行政只有获得议会法律的授权，才能干涉公民的基本权利与自由”。[①] 当然，这也是传统的以“侵害保留”为特征的法律保留原则。

到底哪些属于法律绝对要保留的事项，哪些是可以授权给行政机关的事项，哪些是行政机关可以自行决定的事项？所有这些问题以什么标准来进行判断，这就涉及法律保留的范围和密度问题。一般认为，现代的法律保留早已不再局限于干预行政而扩大到给付行政、内部行政等领域。鉴于法律保留范围扩大这种趋势，关于如何确定保留标准的学说也变得越来越多样化，目前影响最大的就是“重要性理论”，该理论最早是由德国联邦宪法法院提出的，其主要观点就是根据民主与法治国家原则，越是对公民权利和公共利益重要的事情对立法机关的要求就越高，应由法律加以规定调整，重要性次之的则可以授权行政机关，对公共生活和公民权利几乎没有影响的事项可以不实行保留。重要性理论虽然明确、简单，但是同时也很模糊、抽象，不易把握。而且恰恰因为重要性理论的这些特点，使它能够适应社会的变化的同时也能对立法实践和司法审判起着指导作用。

第三节　国家治理法治化：行政法治的当代使命

一、国家治理法治化的基本内涵

十八届三中全会通过的《中共中央关于全面深化改革若干重大问题的决定》（以下简称《改革决定》）明确提出：“全面深化改革的总目标是

① 邓毅：“德国法律保留原则论析”，载《行政法学研究》2006 年第 1 期，第 18 页。

完善和发展中国特色社会主义制度，推进国家治理体系和治理能力现代化。”这是中国共产党首次在党的纲领性文件中将国家治理体系和治理能力上升为总目标。习近平总书记指出：“国家治理体系是在党领导下管理国家的制度体系，包括经济、政治、文化、社会、生态文明和党的建设等各领域体制机制、法律法规安排，也就是一整套紧密相连、相互协调的国家制度；”① “必须适应国家现代化总进程，提高党科学执政、民主执政、依法执政水平，提高国家机构履职能力，提高人民群众依法管理国家事务、经济社会文化事务、自身事务的能力，实现党、国家、社会各项事务治理制度化、规范化、程序化，不断提高运用中国特色社会主义制度有效治理国家的能力。”② 可见，习近平总书记在对国家治理体系和国家治理能力的阐述中，都特别强调了法治的重要性。从某种意义上说，国家治理现代化首先是国家治理法治化。“国家治理现代化包含民主化、法治化、科学化和文明化，其中法治化是关键。法治化是衡量国家治理现代化的标志，与国家治理现代化具有同步性。国家治理现代化的过程本身就是法治化的过程。”③

国家治理法治化是指“国家治理者与社会协同参与者运用法治思维、法治方式凭托国家良法（‘硬法’）与乡规民约习俗（‘软法’）构建结构严密、规范有序、协调运行的制度体系，优化自然、文化、社会、制度及人文环境资源配置，有效预防和化解社会冲突与社会风险，国家与社会良性互动、合作共治、‘良法善治’，实现经济社会发展的‘帕累托最优状态’及其过程”。④ 国家治理法治化是国家治理现代化的必由之路，同时也是国家治理法治化的重要评判指标。

---

① 王明初，王增智：“法治中国的国家治理体系现代化建设”，载《光明日报》2015 年 2 月 15 日，第 7 版。

② 习近平：“坚定制度自信不是要故步自封”，http：//news. xinhuanet. com/politics/2014 -02/17/c -119373758. htm，访问日期：2017 年 3 月 5 日。

③ 胡建淼：“国家治理现代化关键在法治化”，载《学习时报》2014 年 7 月 14 日，第 A5 版。

④ 徐汉明：“推进国家与社会治理法治化”，载《法学》2014 年第 11 期，第 14 页。

国家治理法治化包括国家治理体系法治化和治理能力法治化两大基本内容。国家治理体系其实质就是国家制度体系，“中国特色社会主义国家治理体系是由一整套制度构成的，包括以中国共产党党章为统领的党内法规制度体系、以党的基本路线为统领的党和国家的政策制度体系、以宪法为统领的法律体系及由法律体系构建起来的法律制度体系”。① 也就是说，有关国家治理的制度最终都要以法律加以定型化与精细化，即表现为法治化的制度体系。而国家治理能力，既指国家治理的方式方法，又指各个治理主体对国家治理体系的执行力，还指国家治理体系的运行力。因此，国家治理能力法治化也就是要用法治思维和法治方式来治国理政。国家治理体系和治理能力是一个有机整体，相辅相成，只有治理体系搭建好了，治理能力才能提高；只有治理能力提高了，治理体系才能充分发挥效能。②

二、国家治理法治化与行政法治

行政法治作为国家行政依法治理的应有之意只是国家治理法治化的一部分，且属于“政府治理”的主要组成部分。前文对行政法治理论的历史发展与变迁已有比较详尽的介绍，这里不再赘言。在此，我们将要谈一谈在当下将国家治理法治化作为国家治理现代化核心要义的情形下，要坚持与深化行政法治还需要注意哪些方面的问题。现代行政法治始终以约束和限制行政权力，实现人权保障为己任，这固然无可厚非。但是，国家治理现代化的兴起，为新时期的行政法治注入了新的活力。

首先，国家治理法治化推动了行政主体的多元化。国家治理现代化的重要标志之一就是公共治理的兴起。尤其是第三部门的出现与兴起，越来越多的国家活动以及经济社会文化事务等领域允许公众以主体身份参与到

---

① 张文显：“法治化是国家治理现代化的必由之路”，载《法制与社会发展》2014 年第 5 期。

② “把握全面深化改革总目标——二论认真贯彻落实十八届三中全会精神”，载《人民日报》2013 年 11 月 14 日。

国家事务管理之中，“国家治理”这一概念逐渐取代了“国家管理”概念。从此，拥有了参与权、知情权、表达权、决策权和监督权的公众成为国家治理组成主体中不可或缺的一部分。政府治理与公共治理相辅相成，多元主体合作共治成了现代国家治理的一个主要特征。其中，政府治理的职能由国家立法机关、行政机关、司法机关、军事机关来承担，人民政协、经济组织、人民团体等社会团体组织来承担“公共治理”的职能。为了给社会自治构建更加宽阔的平台，十八届三中全会的《改革决定》还指出，要正确处理政府和社会关系，激发社会组织活力，加快政社分开的实施，建立与完善职权明确、自治合法的社会组织；适合由社会组织解决的事项与提供的公共服务，就尽量让社会组织来组织与实施；发展与支持志愿服务组织；尽快实现行政机关与商会、行业协会的真正脱钩。例如，国务院于2013年印发了《关于政府向社会力量购买服务的指导意见》，对政府向社会力量购买服务的各方面进行规范和要求。这是国家层面对政府购买公共服务全面规范指导的标志，也是公共治理推动行政主体多元化的表现。

其次，国家治理法治化推动了行政行为的多样化。国家治理法治化对现代行政法治的另一个推动则是进一步促进了行政行为的多样化。“国家治理体系现代化意味着行政主体社会化和行为方式社会化。行为方式社会化是在国家任务的执行阶段利用或结合社会主体的资源来提高完成任务的效率及所提供公共产品的品质，如行政委托、服务外包、政府采购、特许经营等。”① 与此同时，行政主体在执法过程中的人性化色彩越来越浓厚，强制性色彩逐渐淡化。例如，湖北黄冈市工商局坚持处罚与教育相结合原则，积极运用教育手段，指导行政相对人认识问题，主动改正并及时疏导违法行为。2013年7月，出台的《黄冈市工商局关于充分运用工商职能促进全市装备制造等六类生产型工业企业快速发展的若干意见》，明确

① 徐继敏：“国家治理体系现代化与行政法的回应”，载《法学论坛》2014年第2期，第30页。

“首违不罚”“巡查预警”等柔性执法制度，规定对六类较轻违法行为一般不予处罚，对轻微违法行为一律不予处罚。罗田县工商局根据该意见，对辖区内一户重点工业企业轻微违法行为予以书面指导，免予处罚，广东职业打假人员以不履职为由向黄冈市人民政府行政复议委员会申请复议，要求给予罚款，黄冈市人民政府不仅驳回该复议申请，还在全市民营经济大会上通报表扬工商部门服务地方经济发展的良好举措。①

① “市工商局：创新行政执法方式　提升工商执法效能”，http：//fz. hg. gov. cn/fzxx/fzd/2014 - 03 - 20/752. html，访问日期：2016 年 8 月 10 日。

第二章　服务型政府：政府职能转变的价值目标

第一节　我国行政理念的发展变迁

行政理念，即行政法基本价值理念，是彰显行政法的基本精神、价值观念、核心宗旨的标识。新中国成立后，在行政法的发展历程中，我国行政理念大致经历了四个发展阶段，分别孕育了管理论、控权论、平衡论和服务论等四种比较有影响力的行政理念。

一、以“命令—服从”为核心的管理论

管理论是新中国成立后相当长一段时期内我国行政法学遵循的基本价值理念。管理论认为，行政法既是管理行政机关和公务员的法，又是行政机关进行管理的法。[①] 行政法的主要目的在于维护国家的统治、保障国家和社会的利益。

管理论作为一种理论，实际上是有古代与现代之分的。罗豪才教授认为，古代行政法的实质就是一种管理法。“在内容上它以规定行政机关的权利和相对一方的义务为重心，以维护专制统治为目的，而不可能平衡地

① 张尚鷟主编：《走出低谷的中国行政法学》，中国政法大学出版1991年版，第694页。

规定行政机关与相对一方的权利和义务；在形式上它以行政组织法和行政行为法为中心，缺乏行政程序法和行政监督法，更不存在行政诉讼法和行政赔偿法”。[①] 现代管理论盛行于社会主义国家的计划经济时代，主张行政法的基本内容是调整国家管理关系，强调的是国家管理或国家行政管理的指导思想和基本原则。苏联学者马诺辛等认为：“行政法作为一种概念范畴就是管理法（从拉丁文中的行政管理一词翻译过来），更确切地说，就是国家管理法。”[②] 我国学者王珉灿教授等认为，我国国家行政管理的指导思想和基本原则有：“在党的领导下实行党政分工和党企分工”“广泛吸收人民群众参加国家行政管理”“贯彻民主集中制”“实行精简”“坚持各民族一律平等”“按照客观规律办事，实行有效的行政管理”和“维护社会主义法制的统一和尊严，坚持依法办事”七个原则。[③]

在管理论的思维模式下，行政权运行的基本逻辑是“命令—服从”式的强制性管理，行政法的管理手段具有强制性和命令性。“在行政法律关系中，一方当事人常被赋予国家政治权限：它可以作出管理决定，可以对另一方当事人的行动实行国家监督，在法律规定的场合，可以对另一方适用强制措施。”[④]

管理论在新中国行政法学的学科形成过程中发挥了十分重要的作用。时至今日，管理论仍然在行政法基本价值理念中占有一席之地。因为，“国家建立行政系统的目的是为了管理和服务，而不是为了接受监督和救济。……在整个行政关系架构中，行政主体与行政相对人的管理关系是基干，行政法制监督关系和行政救济关系是行政管理关系派生的关系，而内部行政关系则是行政管理关系的一种从属关系，是行政管理关系中一方当

① 罗豪才、宋功德、李文栋：“现代行政法的理论基础”，载《中国法学》1993年第1期，第53页。

② 转引自江必新：《行政法制的基本类型》，北京大学出版社2005年版，第4页。

③ 叶必丰：《行政法的人文精神》，北京大学出版社2005年版，第203～204页。

④ 转引自唐小波：“简论行政法理论的三种学说”，载《政治与法律》2004年第6期，第25页。

事人——行政主体单方面内部的关系”。[①] 但是总体而言，管理论的弊端是显而易见的。“管理论是从一种管理层面来概括行政法的，它反映了行政管理的动态过程，但它尚停留在较肤浅的水准上，回避了行政法的性质，对行政法无价值判断，对行政学与行政法学无明确之区分。该论似有行政法为管理技术法之嫌，也给人以行政法学为行政管理学之附属学科的感觉。”[②]

二、以“控制—监督”为核心的控权论

控权论是西方国家行政法的基本价值理念，首先在英国提出，“17 世纪前，英国实行君主专制，英王权力无限。17 世纪末的‘光荣革命’结束了旧王室的统治，建立了议会主权的体制，国王特权受到限制。限制王权的斗争是围绕撤销星法院而展开的。星法院是除普通法院外国王行使专制权力的工具，中央政府对地方的控制经由星法院对治安法官的控制来实现。由于星法院专门受理公法性质的诉讼，对反对派严刑酷罚，因此为新兴资产阶级所痛恨。在 17 世纪议会向国王夺权的资产阶级革命中，普通法院的法官和议会结成联盟，作为国王特权象征的星法院在斗争中被议会废除，普通法院成为全国唯一的法院，受理全国发生的案件，承担起对行政的司法控制。”[③]作为英国行政法核心的“自然公正程序”和“越权无效原则”，就是议会和普通法院用来控制行政权的工具。[④]

受英国控权论的影响，控权论也长期占据美国行政法的主导地位。正如博登海默指出的那样，在 19 世纪美国政府几乎将侧重点完全集中于使行政权处于有限范围内的法律约束之上，行政中的自由裁量范围被缩小到无

① 姜明安主编：《行政法与行政诉讼法》（第六版），北京大学出版社、高等教育出版社 2015 年版，第 24 页。

② 杨解君：“关于行政法理论基础若干观点的评析”，载《中国法学》1996 年第 2 期，第 74 页。

③ 唐小波：“简论行政法理论的三种学说”，载《政治与法律》2004 年第 6 期，第 26 页。

④ 叶必丰：《行政法的人文精神》，北京大学出版社 2005 年版，第 195 页。

可奈何的限度。[①] 20世纪以来，由于罗斯福新政的实施，美国的行政权力开始大幅度扩张，不断挑战着控权论理念在美国行政法学中的地位。于是，为了强化对限制权的限制，美国行政法以《联邦行政程序法》制定为契机，继续强化对行政权力的控制和监督。“首先，预期中之司法复查应为检查而非取代行政行动，其是保证行政行动不预约法律授予之权责。其次，预期中之司法复查为‘就宪法及立法观点对法律之解释发表最终定论’。其三，预期中之司法复查可要求行政机构于处置裁决案件时运用公允之程序。其四，预期中之司法复查在防止行政裁决之极度专横及不力。”[②]

在控权论理念的支配下，行政法的实质是一种控制行政权的程序法。它与管理论正好相反，它着重保障私人的权利和自由，严格限制行政机关的自由裁量权，认为最小的政府就是最好的政府。例如，英国学者韦德认为，“行政法的最初目的就是要保证政府权力在法律的范围内行使，防止政府滥用权力，以保护公民”。[③] 美国学者伯纳德·施瓦茨也认为，“行政法是控制国家行政活动的法律部门，它设置行政机构的权力，规范这些权力行使的原则，以及为那些受行政行为侵害者提供法律补救”。[④]

控权论主张以下列方式对行政权进行制约：第一，严格遵循“依法行政原则”，将行政法限制在法律规定的范围内，行政机关的一切行为应依法而为，受法之束缚，超越法定权限的行为一律无效。第二，主张程序控权，行政法是程序法，即有关立法机关对行政机关的委任立法等进行监督，司法机关对行政机关的行政决定进行司法审查以及通过立法和判例建立起来的要求行政机关遵守的程序规则。[⑤] 第三，严格控制行政自由裁量

---

① 转引自苗连营、仪喜峰：“行政法理论基础比较研究”，载《当代法学》2004年第1期，第120页。

② 转引自叶必丰：《行政法的人文精神》，北京大学出版社2005年版，第195页。

③ 转引自宋功德：“均衡之约——行政法平衡论的提出、确立与发展历程（上）”，载《岳麓法学评论》2003年第2期，第23页。

④ 转引自刘连泰：“斜坡上的跷跷板游戏：平衡论述评”，载《清华法学》2015年第1期，第58页。

⑤ 叶必丰：“控权论研究”，载《南京大学法律评论》1997年秋季号，第160页。

权。权力容易滋生腐败，为了防止行政权的滥用，行政机关只能在法律规定的范围内实施行政行为，没有自由斟酌、自由选择的权利。

随着服务与合作理念的兴起，控权论受到了一些学者的批评。首先，控权论产生的背景是自由放任的经济学说与政策、个人主义和自由主义的政治哲学、普通法传统与法律实证主义三个方面，已经不适合于当今时代。[①] 其次，控权论与当前社会对行政权的期望和要求不一致，忽视了行政权对社会的积极作用。福利社会的出现和发展表明，控权论并不能保证行政机关从公共利益的角度出发，为公众提供更多的社会福利。最后，控权论在一定程度上扼杀了公共行政的效率属性。“无论如何，通过控权恐怕无法有效解决公共行政管理的缺位（或不到位）、机械行政、激励不足、缺乏活力、效率低下、相对方参与不足、主体能动性得不到充分发挥等现代行政法制实践所面临的这些重大问题。”[②]

三、以“权利—义务”平衡为核心的平衡论

自从秩序行政法打造的“守夜人国家”在20世纪20年代的资本主义大萧条中遭遇滑铁卢之后，人们便从对“市场万能论”的迷恋中惊醒。人们认识到，亚当·斯密所描绘的那个“守夜人”的政府角色，是不能解决市场失灵所产生的一系列经济和社会问题的。因此，政府理当承担更大的责任。关于这一点，日本著名行政法学家大桥洋一给出了比较全面的解释。他认为，行政任务的扩大化，其原因就在于：“第一，我们可以举出的前提是，国家应当提供市场上不存在（以及市民不能充分提供）的财富。第二，根据福利国家理论，对于社会上产生的不平等，不可避免的要采取填补、调整的措施。这不仅仅限于对财产价值的分配，还包括提供

① 转引自王圭宇：“行政法上‘控权论’的哲学审视”，载《昆明理工大学学报（哲学社会科学版）》2012年第1期，第55页。

② 宋功德：“均衡之约——行政法平衡论的提出、确立与发展历程（上）”，载《岳麓法学评论》2003年第2期，第11页。

教育等社会措施。第三，由于市民利益的多元化，行政任务也必须不断扩大。并且，随着大众民主制度的出现，政党为了获得市民的支持而竞相提供各种政策，这也导致行政任务的扩大。第四，行政存在自我扩张的本性，因此，我们总是可以发现其具有扩大事务的倾向，而很难期待其减少自身权限。"① 于是，行政法似乎陷入了一种两难的境地。一方面，我们对行政权抱有高度的警惕心，希望加强对行政权的约束，促使其在法治轨道上运行；另一方面，行政权的急速扩张已经是不可逆转的潮流，这是福利国家建设的必然选择。这一困境，显然不是管理论和控权论所能解决的。在这个背景下，平衡论应运而生。

平衡论的基本观点是："行政机关和相对方的权利义务应保持平衡。这种理论认为，公共利益和私人利益的差别与冲突是现代社会最普遍的现象，正确处理利益关系应该是统筹兼顾，不可只顾一头。反映在行政法上，其利益主体的权利义务整体上应该是平衡的。一方面，为了维护公共利益，必须赋予行政机关必要的权力，并维护行政管理有效地实施，以达到行政目的；另一方面，必须维护公民的合法权益，重视行政民主、权利补救以及对行政权的监督。"②

很明显，平衡论价值理念的目的是纠正行政法律关系的失衡现象，使行政法律关系达致一种平衡的状态。"传统行政法学倾向于认为行政权与相对方权利的不平等（不对等）是行政法的固有特征，正是这种'单方性、强制性与非对等性'将行政法与其他部门法区别开来。但是，正如严重的"政府失灵"暴露了管理论的致命缺陷一样，'市场失灵'也否定了控权论对于市场理性的迷信。事实上，无论是管理论所提倡的行政权优于、强于相对方权利的管理法，还是控权论所主张的相对方权利强于、优

---

① ［日］大桥洋一：《行政法学的结构性变革》，吕艳滨译，中国人民大学出版社2008年版，第268～269页。

② 罗豪才、甘雯："行政法的'平衡'及'平衡论'范畴"，载《中国法学》1996年第4期，第53页。

于行政权的控权法，不仅无法适应现代市场经济与民主政治的需要；而且，它们还明显地背离了‘法律面前人人平等’的宪政原则。”① 为了实现这一目的，平衡论者采取的主要路径就是借助行政权力与公民权利的相互抗衡。“平衡论者认为，这种互相抗衡，在行政程序法律关系中是通过不断扩大相对人的参与权来实现的，对行政实体法律关系是通过监督行政法律关系来实现的。”②

平衡论是对我国行政理念的一种积极探索，在我国，已可与管理论、控权论分庭抗礼。但是，对于这一理论，很多学者还是提出了质疑。首先，平衡论虽然在手段上强调行政权力和公民权利之间的抗衡，但是从实际操作而言，其所谓的抗衡手段，不过是控权论的逻辑而已。“行政主体与相对人之间在地位、权利和意思表示的效力上，都是不平等或不对等的。要在他们之间实现平等，只能通过相互抗衡来实现，尤其是通过不断控制行政权、扩张个人权利来实现。这样，平衡论就没有跳出公共权力论、管理论和控权论的圈子，最多是对它们的一种折中。并且，这种折衷的‘二元论’或‘兼顾论’，最终仍滑向了控权论。”③ 其次，在具体实施过程中，平衡论的理想主义色彩远远大于其实用价值。刘连泰教授就指出：“主张平衡论的学者也认可在行政关系中，行政机关优位于行政相对人，但在监督行政关系中，行政相对人优位，‘负负得正’，行政机关和行政相对人达致总体平衡。但就规范来观察，监督行政关系中，行政相对人其实并不优位。《行政诉讼法》规定诉讼双方法律地位平等，并未规定原告的地位优越，说行政相对人在监督行政关系中优位于行政机关，与规范相悖。……因此，在微观的行政关系中，行政机关优位，监督行政关系中，行政机关与行政相对人法律地位平等，两者相加，总体上并不平

① 罗豪才、宋功德：“行政法的失衡与平衡”，载《中国法学》2001年第2期，第75页。
② 叶必丰：《行政法的人文精神》，北京大学出版社2005年版，第225~226页。
③ 叶必丰：《行政法的人文精神》，北京大学出版社2005年版，第229页。

衡。”[①] 由此可见，想要实现所谓的平衡状态，其实并不是一件容易的事。

四、以“服务—受益”为核心的服务论

服务论理念是伴随着行政法从秩序行政法向给付行政法的转变过程而产生的。“第一次世界大战以后，国家任务的范围趋向积极性及扩张性，也影响到了行政样态的改变。于是出现一种新的以提供公民福祉为目的的‘服务行政，通称为‘给付行政’。”[②] 德国著名行政法学家福斯多夫最早对服务论进行了系统的阐述。1938 年，福斯多夫发表《当成服务主体之行政》一文，强调指出：“法治国家之原则，乃依法律来治理国家以及保障人权。但是，在 20 世纪这种情况已有改变。人民总是先求能够生存，以后才会要求享有自由、秩序与福祉。国家因此而负有广泛照料人民生存照顾的义务，并受这种义务之拘束。此不仅是德国，也是各国宪法发展之趋势。任何一个国家为了维持国家稳定，就必须提供人民生存之照顾。国家惟有提供生存照顾，确保国民的生存基础。”[③] 此后，服务论开始在许多国家盛行，成为当代行政法最重要的价值理念之一。

服务论在我国受到关注是在改革开放以后。1983 年，应松年、朱维究等学者发表《行政法学理论基础问题初探》一文，首次触及行政法的服务价值。该文指出：“社会主义国家行政权的目的是为人民服务；对行政机关的多渠道监督体系不是为了控制权力，而是为了行政机关能更全面、彻底地为人民服务；社会主义行政法学新体系的建立，应当以如何保障和推进行政机关为人民服务为核心等。”[④] 1995 年陈泉生教授在《论现代行政法学的理论基础》一文中，首次系统地提出了服务论的观点。陈

① 刘连泰：“斜坡上的跷跷板游戏：平衡论述评”，载《清华法学》2015 年第 1 期，第 60 ~ 61 页。

② 陈新民：《中国行政法学原理》，中国政法大学出版社 2002 年版，第 29 ~ 30 页。

③ 陈新民：《公法学札记》，中国政法大学出版社 2001 年版，第 53 页。

④ 沈岿：“行政法理论基础回眸——一个整体观的变迁”，载《中国政法大学学报》2008 年第 6 期，第 66 页。

泉生认为，服务论的基本含义是："为了使政府能够更有效地为全体人民和整个社会提供最好的服务和最大的福利，法律授予其各种必要的职权使其能够凭借该职权积极处理行政事务；但是行政职权的行使不得超越法律授权的范围，更不得对人民的自由和权利造成伤害。也就是说，'服务论'以法律授予政府行政职权为条件，要求政府扮演'服务者'的角色，积极创新，服务于民，造福于社会。它将人民的利益和社会的福利作为行政活动的出发点和归宿点，强调政府职权的唯一功能在于：保障人民的自由和权利，永无止境地提高人民精神、文化和物质生活；主张行政的目的不在于统治与管理，而在于服务与授益，最好的政府应为最大的政府，政府不应以管理者的身份自居，而应以服务者的身份去为作为主人的人民提供各种服务，从而与现代福利发展的趋势相符合。"①

服务论对行政法学的发展产生了非常深远的影响，尤其契合了政府职能转变的需求。因为"行政应由消极有限的权力行政转化为积极扩张的服务行政，由单纯的'公共权力'的行使转化为'公共服务'的提供，并促使政府行政从消极走向积极，即以积极的行动为社会提供必要的公共服务。"②

第二节 服务型政府的行政法学分析

一、服务型政府概述

（一）服务型政府的概念

关于服务型政府的定义，学术界众说纷纭。张康之教授认为，"服务

---

① 陈泉生："论现代行政法学的理论基础"，载《法制与社会发展》1995年第5期，第16页。

② 李昕："公共服务理念下现代行政的特征"，载《行政法学研究》2002年第4期，第16页。

型政府也就是为人民服务的政府，用政治学的语言表述是为社会服务，用专业的行政学语言表述就是为公众服务，服务是一种基本理念和价值追求，政府定位于服务者的角色上，把为社会、为公众服务作为政府存在、运行和发展的基本宗旨。”① 施雪华教授认为，服务型政府是指在公民本位、社会本位理念指导下，在民主制度框架内，把服务作为社会治理价值体系核心和政府职能结构重心的一种政府模式或曰政府形态。②吴玉宗教授认为，服务型政府就是指政府遵从民意的要求，在政府工作目的、工作内容、工作程序和工作方法上用公开的方式给公民、社会组织和社会提供方便、周到和有效的帮助，为民兴利、促进社会稳定发展。③

相较于学术界对服务型政府研究出于多学科、多视角下的百花齐放状态，实务界的态度则明确得多。2012 年，党的十八大报告明确提出了服务型政府的建设目标，即“职能科学、结构优化、廉洁高效、人民满意”。这四个目标，即表明了服务型政府建设的方向，也是评价服务型政府建设的标准，下面分述之。

1. 职能科学

政府职能是服务型政府建设的关键。“职能转变是深化行政体制改革的核心，也是行政体制改革的难点所在。机构改革只是物理机构上的重新组合，部门之间的拆分解构、重新设置，职能部门的加减重组，但是，职能转变才是涉及行政体制改革根本的核心问题所在，才是触及新一轮行政体制改革灵魂的内容。”④ 因此，党的十八届三中全会通过的《中共中央关于全面深化改革若干重大问题的决定》（以下简称《改革决定》）明确

---

① 张康之：“限制政府规模的理念”，载《行政论坛》2000 年第 4 期，第 13 页。

② 施雪华：“‘服务型政府’的基本涵义、理论基础和建构条件”，载《社会科学》2010 年第 2 期，第 4 页。

③ 吴玉宗：“服务型政府：概念、内涵与特点”，载《西南民族大学学报（社会科学版）》2004 年第 2 期，第 407 页。

④ 于宁、杨小斌：“行政体制改革中的职能科学及其实现路径”，载《中国行政管理》2014 年第 1 期，第 15 页。

提出："进一步简政放权，深化行政审批制度改革，最大限度减少中央政府对微观事务的管理，市场机制能有效调节的经济活动，一律取消审批，对保留的行政审批事项要规范管理、提高效率；直接面向基层、量大面广、由地方管理更方便有效的经济社会事项，一律下放地方和基层管理。政府要加强发展战略、规划、政策、标准等制定和实施，加强市场活动监管，加强各类公共服务提供。加强中央政府宏观调控职责和能力，加强地方政府公共服务、市场监管、社会管理、环境保护等职责。推广政府购买服务，凡属事务性管理服务，原则上都要引入竞争机制，通过合同、委托等方式向社会购买。"

2. 结构优化

国家行政学院宋世明教授指出，优化组织结构，是中国行政体制改革不可回避的任务。"理由有四条：其一，2020 年中国使各方面制度更加成熟更加定型的时限已经确定。2013 年以来持续的简政放权、大数据时代互联网技术的日趋成熟，为建立大部门体制奠定良好基础。其二，一个相对稳定的组织结构，有利于可持续积累组织经验，有利于稳步积累公务员专业知识，有利于稳定公务员职业生涯预期。其三，经济建设、政治建设、社会建设、文化建设、生态文明建设五位一体，需要科学组织结构支撑。其四，以一个整体政府而不是以一个碎片化的政府与社会协作，才能事半功倍，最大限度地统筹公共资源。"① 因此，《改革决定》明确规定："转变政府职能必须深化机构改革。优化政府机构设置、职能配置、工作流程，完善决策权、执行权、监督权既相互制约又相互协调的行政运行机制。严格绩效管理，突出责任落实，确保权责一致。统筹党政群机构改革，理顺部门职责关系。积极稳妥实施大部门制。优化行政区划设置，有条件的地方探索推进省直接管理县（市）体制改革。严格控制机构编制，

① 宋世明：《优化政府组织结构：中国行政体制改革不可回避的关口》，载《理论探讨》2016 年第 4 期，第 9 页。

严格按规定职数配备领导干部，减少机构数量和领导职数，严格控制财政供养人员总量。推进机构编制管理科学化、规范化、法制化。”

3. 廉洁高效

廉洁高效是服务型政府建设的重要内容，也是推进服务型政府建设的重要保障。就廉洁而言。李克强总理在国务院第一次廉政工作会议上明确指出，廉洁政府应当具备六个要素：管住权力、管住钱财、政务公开、勤俭从政、依法促廉。就高效而言，“首先，应兼顾效率与公平。公共服务应覆盖全体国民，为全体国民提供最低生活保障，在发展的基础上最终达到共同富裕。其次，要推进政府职能转变。要实施政府职能公共化战略，公共服务要满足社会公共需求，政府要为社会提供尽可能的公共产品，将政府服务主要作用于核心公共领域，规范审批程序，建设高效的民主决策机制。再次，要建立公共财政体系。政府应在经济达到一定成熟的阶段，把支出从对基础设施的大力支出转向公共教育、保健、医疗和福利的支出。最后，建立公共服务多元化战略，要建立非歧视性的公共政策系统，对各类所有制企业和各类社会团体实施无差别的市场准入管理。打破行政垄断壁垒，形成政府与非政府组织的伙伴关系。”①

4. 人民满意

人民满意是检验服务型政府建设的根本标准。“人民满意，是我们政府的工作目标。建设人民满意的服务型政府，应当从政府的理念、职能、结构、效果等诸多方面加快变革步伐，将政府建设成职能科学、结构优化的科学政府，廉洁自律、勤俭节约的廉洁政府，公开透明、诚实守信的阳光政府，以人为本、高效便民的服务政府，带头守法、依法行政的法治政府。”②

---

① 杨云峰、钟晟、胡菁、刘敏：“建设廉洁高效政府的长效机制研究”，载《中共南昌市委党校学报》2014 年第 6 期，第 54 页。

② 胡建淼、戴建华：“人民满意的政府才是好政府”，http：//www. qstheory. cn/zxdk/2014/201403/201401/t20140127_ 316791. htm，访问日期：2016 年 12 月 27 日。

（二）服务型政府的特征

1. 服务型政府是民意政府，坚持服务为主，强调以人为本，尊重民意

李克强总理指出，我们是人民政府，所有工作都要充分体现人民意愿，全面接受人民监督。民意政府这也是马克思主义国家观的必然要求。马克思在《法兰西内战》中特别指出：为了防止国家和国家机关由社会公仆变为社会主人，必须彻底清除国家等级制，“以随时可以罢免的勤务员来代替骑在人民头上作威作福的老爷们，以真正的责任制来代替虚伪的责任制”，同时还要使这些勤务员“总是在公众监督之下进行工作”。[①] 所以，服务型政府首先是要以人民的需要作为政府工作的出发点。

2. 服务型政府是有限政府

有限政府是现代法治对政府权力的必然要求。“法治的主要功能在于防止、束缚专横的政治权力，铲除无限政府，确立和维持一个在权力、作用和规模上都受到严格法律限制的有限政府。法治要求政府的权力严格地受到法律的限制，要求政府的行为不得违背法治所认可的价值前提。因此，法治下的政府必然是有限政府。”[②] 服务型政府是在行政权力扩张的背景下提出的政府理念，那么，有限政府是否与服务型政府的理念相悖呢？我们认为，有限政府只是在技术层面对政府权力进行限制，但是这并不意味着有限政府就偏离了服务型政府建设的目标。实际上，“约束政府权力的终极目标是为了实现社会和人民的福祉，构建服务型政府才是有限政府的价值诉求。正是基于这一价值诉求，有限政府的构建才能够成为全球普遍接受的政府改革理念”。[③]

---

① 肖陆军、杨丹：“服务型政府的特点及其理论依据”，载《理论学刊》2005 年第 6 期，第 67 页。

② 陈国权：“论法治与有限政府”，载《浙江大学学报（人文社会科学版）》2002 年第 2 期，第 7 页。

③ 王刚：“有限政府的内涵辨析”，载《中国海洋大学学报（社会科学版）》2008 年第 3 期，第 88 页。

3. 服务型政府是法治政府

党的十八届三中全会通过的《中共中央关于全面深化改革若干重大问题的决定》明确将法治政府和服务型政府作为政府职能转变的目标。我们认为，法治政府和服务型政府虽然都是政府职能转变的目标，但是究其根本而言，服务型政府才是法治政府建设的目标。“在政府治理模式演进上，法治政府与服务型政府是源与流的统一；在政府治理维度视角上，法治政府与服务型政府是形式与内容的统一；在政府职能现实转变上，法治政府与服务型政府是途径与目标的统一。”①

4. 服务型政府是责任政府

一个好的政府必然是一个对人民负责任、有担当的政府。而衡量政府是否切实履责的标准就在于能否满足人民的需求。因此，“责任政府将责任定位于有效提供公共服务是巩固其合法性的根本要求。政府的权力来源于公民的授权或委托，因此，全心全意为人民服务，致力于增进和实现公民的利益，乃是政府存在的根本理由和目的。换言之，公共服务型政府使政府真正回归其本源——公共服务者的角色。政府只有通过提供充足优质的公共服务，才能证明其价值与合法性”。②

5. 服务型政府是高效政府

服务型政府的建设离不开高效的行政运作，因为“高效政府的实质动因在于为人民服务的根本宗旨。‘利为民所谋、权为民所享’，‘最好服务、最优管理、最高效率’应该是法治政府的奋斗目标。尤其在云计算、大数据、物联网和智慧城市时代，伴随移动互联思维所带来的颠覆、创新效应，客观上也要求政府必须积极回应市场和社会主体的诉求，因此更要

① 肖北庚：“服务型政府：法治政府从合法律性向合法性之升华”，载《河南工业大学学报（社会科学版）》2014 年第 3 期，第 19 页。

② 陈国权、吴帅：“责任政府的公共服务取向”，载《社会科学战线》2009 年第 4 期，第 197 页。

提倡政府有威和有为。”①

二、服务型政府的理论基础

当前，服务型政府建设已经成为我国行政体制改革的目标，学术界围绕服务型政府的理论研究也不断深入。我们认为，能够支撑服务型政府建设的理论基础主要是服务行政理论、民主行政理论、新公共服务理论等。

（一）服务行政理论

服务行政理论是支持服务型政府建设的第一个理论。从自由主义法治国到实质主义法治国的转变，催生了服务行政理论。1938 年，德国著名行政法学家福斯多夫发表《当成是服务主体之行政》一文，首次明确提出了“服务行政”概念和相关理论。福斯多夫认为，生存照顾是法治国家时代国家必须承担的法定义务。“人民总是先求能够生存，以后才会要求享有自由、秩序与福祉。国家因此而负有广泛照料人民生存照顾的义务，并受这种义务之拘束。……任何一个国家为了维持国家稳定，就必须提供人民生存之照顾。国家惟有提供生存照顾，确保国民的生存基础，方可免于倾覆之命运。”②

服务行政理论的基本观点是：“政府及其他公行政主体必须提供各种不同的服务措施，例如建立稳妥的公用事业、社会救济、文教事业、社会保险的制度，使公民在衣、食、住、行之生活、工作、教育等方面，得到国家最多的服务与最大之照顾。”③ 党的十八大以来，我国服务型政府建设的内容正是以服务行政理论为指导，不断强化政府公共服务职能，在公共医疗、义务教育、社会保障等公共产品和公共服务的提供方面推行了一系列改革，并取得了初步的成效。

---

① 杨海坤：“‘四个全面’战略布局下如何全面推进法治政府建设”，载《法学评论》2015 年第 5 期，第 15 页。

② 陈新民：《公法学札记》，中国政法大学出版社 2001 年版，第 53 页。

③ 陈新民：《中国行政法学原理》，中国政法大学出版社 2002 年版，第 30 页。

（二）民主行政理论

支持服务型政府建设的第二个理论是民主行政理论。民主行政理论最早是由德国社会学家马克斯·韦伯提出的。韦伯在对官僚制行政进行阐述时，对民主行政理论进行了最初的解释。韦伯认为，行政“之所以叫作‘民主的’，是由于两个并非必然有相互关联的原因：（1）因为它建立在所有人都原则上具有相同的领导共同事务的资格的前提下；（2）因为它把命令权力的范围降到最低的程度”。① 民主行政理论的核心要义是强调公民参与。“综观社会发展史，从对权力的绝对服从到集体参与，从宪政参与到行政参与，从政治参与到法律参与，都标志着一个新的时代的到来、民主的进步和社会的文明。行政是集权的传统领域和最后阵地。行政参与则是对集权的最后洗涤，是政治参与或民主参与的最高表现和具体落实，是行政民主或民主行政的主要标志。”②

在服务型政府的建设中，民主行政理论发挥着重要的作用。党的十八大报告提出，我国要按照建立中国特色社会主义行政体制目标，深入推进政企分开、政资分开、政事分开、政社分开，建设职能科学、结构优化、廉洁高效、人民满意的服务型政府。可见，服务型政府建设的一个重要的评价标准，就是人民满意。而人民满意，需要政府在了解民众需求的基础上，为社会公众提供优质的产品和服务。“总之，民主行政特别关注公共服务的多样性和对公民偏好的回应性，因此，创新公共服务制度安排不仅需要健全多元化的公共服务供给主体，实行竞争性的公共服务提供机制，加大政府购买公共服务的力度，而且更加需要变革既有的政府导向型公共服务供给模式，建立公众需求导向型的公共服务制度设计，达到公共物品的供求均衡，从而实现公共服务的有效且多样化供给。”③

---

① ［德］马克斯·韦伯：《经济与社会（下册）》，林荣远译，商务印书馆1997年版，第271页。
② 叶必丰：《行政法的人文精神》，北京大学出版社2005年版，第160页。
③ 郭小聪、代凯：《中国民主行政模式建构》，载《政治学研究》2016年第1期，第101页。

（三）新公共服务理论

新公共服务理论是近年来公共管理领域兴起的一种新理论，是美国著名公共行政学家登哈特夫妇提出的，是为了纠正美国20世纪80年代以来盛行的新公共管理理论。以奥斯本和盖布勒为代表的美国公共学界提出的新公共管理理论认为，政府的主要职责是掌舵而不是划桨，是授权而不是服务。新公共管理理论认为："公共企业家已经得知过去为当事人服务的种种努力所产生的不是经济和社会的独立，而是依赖。这些企业家不应再维持这种方法，而应该将公共创新的所有权转给社区。他们应该使公民、邻里群体以及社区组织能够自己得出解决问题的方案。"①

登哈特夫妇认为，政府的职能不是掌舵，而是服务。"公共行政官员不仅要分享权力，通过人民来工作，通过中介服务来解决公共问题，而且还必须将其在治理过程中的角色重新定位为负责任的参与者，而非企业家。"② 这种负责任的参与者，具体来说，"公共行政官员已经接受了一种通过充当公共资源的管家、公共组织的保护者，公民权和民主对话的促进者以及社区参与的催化剂来为公民服务"。③ 新公共服务理论对我国服务型政府建设具有重要的意义。新公共服务理论强调政府的目标是通过提供公共服务实现公共利益的最大化。而新公共服务倡导的分享领导权正契合了我国当前在服务型政府建设过程中推行的简政放权改革。简政放权的目的，就是要通过理顺政府和市场的关系，建立政府和社会之间的良性互动关系。

---

① ［美］珍妮特·V. 登哈特、罗伯特·B. 登哈特：《新公共服务：服务，而不是掌舵》，丁煌译，中国人民大学出版社2010年版，第11页。

② ［美］珍妮特·V. 登哈特、罗伯特·B. 登哈特：《新公共服务：服务，而不是掌舵》，丁煌译，中国人民大学出版社2010年版，第7页。

③ ［美］珍妮特·V. 登哈特、罗伯特·B. 登哈特：《新公共服务：服务，而不是掌舵》，丁煌译，中国人民大学出版社2010年版，第110页。

三、我国服务型政府的建构

改革开放以来，我国服务型政府建设取得了长足的进展，主要表现在以下几个方面。

（一）发展先进行政文化，提高政府竞争能力

美国文化人类学家霍尔说："文化决定了人的存在：表达自我的方式（包括感情的流露）、思维方式、行为方式、解决问题的方式、规划和建设的方式、运输系统的组织与运行，以及经济与政府的关系和发挥作用的方式。"① 行政管理活动既体现了一定的文化因素，又受到一定文化的激励与约束。先进的行政文化可以激发行政人员服务的积极性、主动性和创造性，提高其使命感、责任感和荣誉感，使全体行政人员团结一致，高效率高质量地完成行政目标，提高政府在公众心里的认同感，增强政府竞争能力。

行政文化贯穿于从形而上的行政理念到形而下的行政制度，是一种价值理念和精神内核。周文彰教授认为："行政文化是行政观念文化、行政制度文化、行政行为文化等这样一些基本要素的统一。行政观念文化是关于行政理想、行政价值、行政精神、行政道德等方面内容的集成；行政制度文化是关于行政组织、行政体制、运行机制、行政关系、行政纪律等方面的观念、规则和规定；行政行为文化则是行政决策、行政执行、行政管理等行政行为所体现的行政风格和行政态度、行政作风、行政风气等内容的综合。行政文化离不开物质载体，常常表现为看得见、摸得着的有形存在，但行政文化首先的和本质的东西是精神性的。"② 在当代中国，发展先进行政文化，就是要坚持以马列主义、毛泽东思想、邓小平理论、"三

① 转引自田巍、张波："服务型行政文化：服务型政府的灵魂"，载《东北师大学报（哲学社会科学版）》2009 年第 6 期，第 51 页。

② 周文彰："以行政文化建设引领政府职能转变"，http：//theory. people. com. cn/n/2013/0722/c49150 – 22272564. html，访问日期：2016 年 9 月 20 日。

个代表”重要思想和社会主义荣辱观为指导，立足于中国行政改革的实践，着眼于世界行政文化发展的前沿，不断发展健康向上、丰富多彩的，具有中国风格、中国气派、中国特色的社会主义行政文化。①

（二）加强公务员队伍建设，树立行政服务理念

“为政之要，唯在得人”，公务员队伍是党政人才的主体，是政府职能的具体执行者，是政府与公众、社会沟通的纽带，公务员队伍的整体素质和能力直接决定政府的行政绩效，直接影响着政府的对外形象。② 所以服务型政府的建设，离不开高素质的公务员人才。政府应该加强公务员人才的培养，一要提升公务员的思想觉悟，树立公仆意识、服务意识，积极主动提供平等、规范、高效、令公众满意的服务；二要加强公务员管理，严把公务员队伍入口关，强化对公务员队伍的监督和管理；三要提高公务员的科学行政、依法行政、民主行政的能力，从而提高政府行政能力，更好地提供公共服务。

例如，重庆市通过建立健全引得进、留得住、用得好的良性机制，不断加强公务员队伍建设。一是加强政策引导，破解基层偏远地区招人难。落实少数民族人员考录优惠政策，重点对黔江、石柱、秀山、酉阳、彭水等五个偏远区县的少数民族报考者予以适当政策照顾，拿出本区县每次招考计划中20%以上的职位定向招录，录用少数民族考生比例占录用总人数的5%。二是健全激励机制，增强基层公务员队伍的活力。重庆在2013年出台的《关于规范评比达标表彰活动管理工作的通知》中明确规定，评比达标表彰工作要坚持面向基层，面向生产、工作第一线。副厅局级以上或者相当于副厅局级以上单位和市管领导干部原则上不作为评选对象，处级单位表彰比例要严格控制，处级干部表彰数量原则上不超过表彰总数的20%。市级机关内设机构及工作人员的表彰数量原则上控制在表彰总

① 肖陆军：《论服务型政府建设》，中央民族大学2006年博士学位论文，第94页。

② 肖陆军：《论服务型政府建设》，中央民族大学2006年博士学位论文，第66页。

数的5%以内。三是强化教育培训，提升基层公务员的能力和素质。结合教育实践活动反映出的突出问题，出台了《重庆市公务员职业道德“十不准”》，明确规定公务员特别是基层一线、窗口部门等直接服务群众的公务员行为准则。在五个区县和六个市级部门的一线窗口部门试点建立了公务员职业道德建设联系点，督促指导各级机关推行工作首问责任制、“一站式服务”。四是在公务员教育培训上，专门出台《关于进一步加强基层公务员教育培训工作的意见》，每年组织1/5的基层公务员参加各类培训，五年内累计参加两个月的脱产培训，确保全部轮训一遍，实现培训全覆盖，并将培训结果作为基层公务员任职、晋升的依据之一。在全市处级以下公务员中开展了以“加强和创新社会管理”为主题的公需科目培训，培训公务员15.8万人。围绕“提升基层公务员科学发展、服务民生能力”的目标，以区县人力资源和社会保障局公务员管理部门科级干部、乡镇（街道）中层领导干部、区县经济部门中层领导干部、基层一线执法岗位公务员为重点，举办了2期示范培训班，培训164名基层公务员骨干；指导和督促各区县举办38期骨干培训班，培训基层公务员2280人。五是畅通流通渠道，让基层公务员上得来。在市级机关面向社会公开考试录用公务员工作中规定，除部分特殊职位外，全部用于招录具有两年以上基层工作经历的人员，先后录用165人，占市级机关招录总人数的98.3%。全面实施公开遴选公务员制度，上下半年分两次开展市级机关公开遴选工作，全市36个市级机关向区县基层提供425个遴选职位，6600多名基层公务员报名参考。通过面向基层公开遴选，实现了公务员队伍内部“二次择优”，优化了机关公务员队伍结构，畅通了基层公务员“上行”通道。据悉，重庆公开遴选公务员数量占全国省级机关遴选总数的14.2%，居全国前列。①

① “重庆加强基层公务员队伍建设”，http://renshi.people.com.cn/n/2014/0331/c139617-24785270.html，访问日期：2016年10月6日。

（三）深化财政体制改革，健全公共财政体制

公共资源特别是财政资源是任何政府履行其行政职能的经济基础，也是现代公共服务体系中的血液。如果没有公共财政提供保证，服务型政府只会成为空中楼阁。因此，只有健全公共财政体制，才能更好地为社会和公众提供公共服务，实现社会经济的协调发展。

要构建公共财政制度，主要从三个方面入手：一是明确各级政府的财政收支责任，建立清晰的财政事权关系；二是重新界定财政支出范围，深化以服务社会公共需要为目的的财政支出改革；三是加强财政管理，建立科学规范的财政管理制度。①

例如，广州市政府2015年3月出台的《广州市全面深化财政体制改革总体方案的通知》，从建立事权和支出责任相适应的制度、改进预算管理制度、推进税制改革和建立健全地方税收体系、推进政府债务和基建投资评审管理改革、加快推进财政绩效管理和政府采购管理制度改革、加强国资经营预算管理及推进经营性财政资金股权投资改革、推进公共资源和公务员薪酬制度及公务用车制度改革等七个方面对公共财政体制进行了改革。具体的改革措施包括：（1）制定市以下政府事权划分清单；（2）科学划分市、区（县级市）两级政府支出责任，逐步建立事权与支出责任相匹配的市、区（县级市）财政管理体制；（3）完善财政转移支付制度体系；（4）建立健全政府预算体系；（5）加强财政中长期规划，建立跨年度预算平衡机制；优化财政支出结构，促进经济社会协调发展；（6）深化国库管理制度改革和建立权责发生制政府综合财务报告制度；（7）规范财政专项资金管理；（8）加强土地出让收支管理；（9）深化推进财政信息公开工作；（10）按照中央、省的部署，积极推进“营改增”试点改革；（11）探索加快构建地方税收体系；（12）加强地方税源管控，

① 姚大金：“公共服务型政府和公共财政体制”，载《云南财贸学院学报》2003年第6期，第38~41页。

清理规范税收优惠政策；（13）健全政府债务管理及风险预警机制；（14）健全和完善投资评审管理制度；（15）推进财政预算绩效管理制度建设；（16）深化推进政府采购和政府购买服务改革；（17）创新财政源头治腐的监督机制；（18）完善国有资本经营预算制度；（19）推进经营性财政资金的股权投资管理改革；（20）大力推进公共资源管理改革；（21）逐步推进公务员薪酬制度改革；（22）推进公务用车制度改革。①

（四）加快推进电子政务，创建运作高效政府

党的十六大报告中指出，要深化行政管理体制改革，“进一步转变政府职能，改进管理方式，推行电子政务，提高行政效率，降低行政成本，形成行为规范、运转协调、公正透明、廉洁高效的行政管理体制”。将电子政务作为行政管理体制改革的一部分明确提出，表明了电子政务的重要性。

21 世纪是信息技术飞速发展的时代，政府应该紧随时代的脚步，利用互联网等信息技术，转变政务的运作方式，整合政务信息资源，推进政府业务电子化，建立电子化、信息化的政府信息系统。电子政务不但能够优化各级政府和部门工作流程，降低行政成本，而且有利于加强政府与公众、社会组织的互动，提高公共服务质量。在推进电子政府发展的进程中，政府网站建设无疑是一个重要的平台，是展示电子政府绩效的基本载体。因此，近年来，各地政府都在不遗余力地完善政府网站，打造公共服务平台。

例如，青岛市崂山区在服务型政府建设的过程中，坚持以公共服务为核心，及时发布权威信息，深入拓展网上办事和为民服务，稳步推进政府与公众互动交流，成为群众了解政府信息、获取政府服务的重要渠道，成为宣传展示崂山的第一窗口，成为服务社会公众、了解社情民意的第一平

① “广州市全面深化财政体制改革总体方案”，http：//shebao. yjbys. com/shiyedanwei/220642. html，访问日期：2016 年 9 月 12 日。

台，成为服务型政府建设的重要载体。

第一，崂山区政府门户网站作为政府信息公开的重要载体和重要手段，在目录框架、保障机制和覆盖范围上做了很多的工作。建立了完善的信息公开保障机制，构建区政府、区政府工作部门、区直事业单位、区政府派出机构、街道办事处、驻区部门、社区等完善的信息公开体系，全面梳理政府组成部门信息资源，编制各部门信息公开目录。政府网站信息发布及时、内容准确，注重深度信息公开，增强了政府工作透明度；第二，抓住推进政务公开和贯彻执行《中华人民共和国行政许可法》的契机，全面清理、梳理部门的行政执法事项，对具体执法事项分别按行政许可、非许可的行政审批、行政处罚、行政强制、行政征收、行政确认、行政给付、行政裁决和行政事业性收费划分，共梳理出执法事项3000多项，促进了政府依法行政；第三，崂山区政府门户网站不断转变服务理念，加大了对公共企事业单位服务资源的整合力度，尤其在增强政府网站教育、劳动就业、医疗卫生、社会保障、住房保障、公共事业、交通出行等重点民生领域的服务供给方面，加强服务资源的整合、服务内容的策划和服务方式的设计，为用户提供高效的办事服务；第四，崂山区政府门户网站建设坚持“一盘棋”的思想，搭好一个平台，形成一个对外出口，明确和规范网站的信息来源，各部门各负其责，对部门的信息资源进行有效策划整合；第五，崂山区政府门户网站建立在线访谈、网上议事、意见征集、网上听证、网上调查、政府在线、行政复议申请等14个互动平台，形成了立体的、多层次的政民互动服务体系，真正架起“干群连心桥”，成为民意直通渠道。①

（五）树立正确绩效观，完善政府绩效评价机制

政府绩效评估是量化政府工作、评价行政权力行使是否合法的主要判

① “青岛市崂山区全面构建服务型政府网站”，http：//news. qq. com/a/20100817/001601. htm，访问日期：2016年9月20日。

断工具。“根据人民主权的原则，行政权是本源于人民的，它是人民相约授予政府使用的，人民自然最关心它用得怎么样，自然需要看好放在政府手里的权力。因此，行政权的复归使得对行政权监督和控制自然成为顺理成章的事，而对政府行为绩效评估的法制化正是基于此而形成的一种约束机制，实质上是对行政权力的一种有效制约，控制行政权力的滥用。”①政府绩效评估的模式有很多，但是要避免政府绩效评估沦为形式化的标签，关键在于通过设计科学合理的评估指标，引导政府和公务员树立正确的绩效观。

例如，湖南省2016年下发的《湖南省政府绩效评估指标分工和责任单位安排表》，将政府绩效评估指标划分为A、B、C三类。其中，A类指标为竞争性指标，包括深化改革和综合治理；B类指标为达标性指标，包括重大决策部署贯彻落实、落实移民后扶政策、移民产业、基础设施建设、移民避险解困、移民安置、移民资金监管、移民维权、移民后扶政策实施稽查与监测评估、移民培训、依法行政、优化发展环境、推进全面从严治党、宣传思想工作、组织建设、队伍建设、作风建设、应急管理、财政管理、建议提案办理、公车和办公用房管理等；C类指标为限制性指标，包括安全生产、廉政建设等，这些指标涵盖了政府公务活动的方方面面，基本上能够全面评价政府行为的法律效果。

第三节　服务型政府与政府职能转变

一、政府职能准确定位是构建服务型政府的前提

2002年，江泽民在十六大报告中首次提出要将公共服务作为政府的

---

① 齐宁、周实：“政府绩效评估法制化研究”，载《社会科学辑刊》2009年第5期，第62页。

职能之一进行完善，指出“完善政府的经济调节、市场监管、社会管理和公共服务的职能，减少和规范行政审批”。2004 年，温家宝在《政府工作报告》中提出：各级政府要“在继续搞好经济调节、加强市场监管的同时，更加重视履行社会管理和公共服务职能”。同年，国务院发布的《全面依法行政实施纲要》中要求政府“强化公共服务职能和公共服务意识，简化公共服务程序，降低公共服务成本，逐步建立统一、公开、公平、公正的现代公共服务体制”。2005 年，党的十六届五中全会通过的《中共中央关于制定国民经济和社会发展第十一个五年规划的建议》中强调，要“继续推进政企分开、政资分开、政事分开、政府与市场中介组织分开，减少和规范行政审批。各级政府要加强社会管理和公共服务职能，不得直接干预企业经营活动”。21 世纪以来党的一系列文件都表明，公共服务职能作为政府的职能之一开始受到政府的重视。

公共服务职能，是政府提供公共产品和公共服务的职能。[①] 公共服务职能包括五个方面：一是公共安全和秩序，政府应该健全各种突发事件应急机制，制定更高层次的统一的国家公共安全基本法，建立与发展社会主义市场经济相适应的社会管理体制，形成统一指挥的国家公共安全管理机构和组织。二是公共教育和就业领域，政府一方面要深化教育体制改革，建立有效的学习体系，健全教育经费保障体制，重视和发挥社会和各种教育机构的作用；另一方面要制定完善的就业政策，确定从上到下的就业再就业目标责任制，建立统一、规范的劳动力市场，统筹城乡就业。[②] 三是公共卫生和健康领域，政府要加快卫生事业改革与发展，加强疾病预防控制，注重公共卫生建设，健全卫生法律法规体系，鼓励公平竞争，支持私营医疗机构的发展，完善社会医疗保障体系。四是公共福利和救济领域，

---

① 王澜明：“社会主义市场经济体制下的政府职能定位”，载《中国行政管理》2005 年第 1 期，第 13 页。

② 王澜明：“社会主义市场经济体制下的政府职能定位”，载《中国行政管理》2005 年第 1 期，第 13 页。

完善失业保险制度和城乡居民最低生活保障制度，健全城镇职工基本养老保险制度，发展城乡社会救济和社会福利事业，探索建立普惠型的新型社会福利体系，关注城乡居民生活质量。五是公共设施和便利领域，加大城乡基础设施建设力度，增强城乡综合服务功能，统筹城乡发展。

建设服务型政府，关键在于推动政府职能转变、加快政府社会管理体制的创新，健全公共服务的模式和体系。公共服务职能是服务型政府功能的集中体现，是建设服务型政府的重中之重。政府要把主要精力投放在公共安全、公共教育、公共卫生、公共福利、公共设施等方面，充分发挥政府在保障秩序、促进就业、完善医疗、发展救济等方面的主导作用，强化公共服务职能，树立以公共服务为中心的政府职能观和绩效观，健全政府责任机制，改善我国公共服务供给水平。

二、构建服务型政府是政府职能转变的方向和目标

政府职能，是指行政主体依据一定的规则和程序，在为社会公众提供公共产品和公共服务的过程中享有的职权和职责。它并不是一成不变的，而是呈现出一种动态的发展，需要政府不断调整、改进自己的职能以适应社会经济发展的需要。改革开放以来，随着社会主义市场经济的不断发展，经济领域和社会生活领域发生了重大的变化，这些变化对我国政府职能转变工作提出了新的要求。我国是社会主义国家，国家的一切权力都属于人民，人民是国家的主人，因此我国政府历次职能转变的目标、关键、途径等虽然不同，但是追求的最终目的却是相同的，即发展好、维护好、实现好最广大人民群众的利益。

20 世纪 70 年代末 80 年代初，人类社会进入后工业社会和信息时代，西方发达国家为了走出财政危机、管理危机、信任危机，掀起了一场声势浩大的行政体制改革运动，并迅速席卷全球。尽管西方各国推行改革的行政生态环境有所差异，进行的改革也各具特色，但是却也存在一定的共性，都是向着提高公共服务品质、强化公共服务主动性、促进公共服务法

治化等方面发展。

在国内，随着经济的发展和社会生活水平的提高，人们对政府的期待越来越多，要求越来越高，原有政府职能已经不能适应公共服务需求的迅速增长，政府必须进行职能转变来化解这个矛盾，进一步扩大公共服务职能，解决好民生问题。因此，要求政府职能必须转变到为市场主体创造公平的竞争环境和提供高质量的公共服务上来，新一轮的政府职能转变开始了。

党的十七大指出，“进行行政管理体制改革，建设服务型政府”。这明确指出了我国政府职能转变的方向和目标是建设服务型政府。党的十八大报告更是明确提出了服务型政府建设的要求，即“职能科学、结构优化、廉洁高效、人民满意”。因此，在今后一个时期，服务型政府建设仍将是政府职能转变的重要抓手。

三、服务型政府建设的意义

（一）有助于完善社会主义市场经济体制，实现经济又好又快发展

政府与市场是社会管理系统的两极，市场会失灵，政府也会失灵，因而任何一个社会都必须在两极之间维持必要的张力和平衡，社会经济才能又好又快发展。政府的职责应该是创造市场经济发展的大环境，为经济发展提供有效的宏观调控，弥补市场的缺陷，既要充分发挥市场机制的作用，又要有效发挥政府管理的作用，使两者相辅相成。做到在本应由市场发挥作用的领域，政府要完全退出；而在本应由政府发挥作用的公共服务领域，政府也可以通过引入市场机制，将政府权威和市场交换两种功能进行有效配置，从而形成公共服务多元化供给渠道。

通过建设服务型政府，促进政府职能的根本转变，为经济快速发展创造良好环境，优质高效地提供公共产品和公共服务，消除城乡居民的后顾之忧，提高居民的消费水平，拉动经济发展，实现经济快速发展。因此，

政府转型为服务型政府有助于完善社会主义市场经济体制、实现社会经济的又好又快发展。例如，海南省政府提出："要正确认识政府和市场的关系、厘清政府与市场的边界，充分相信市场的力量，进一步发挥海南'小政府、大社会'的体制优势，以改革创新的特区精神，打破部门利益固化的藩篱，打破制约发展的'玻璃门''弹簧门''旋转门'，通过深化改革充分释放制度红利。'把错装在政府身上的手换成市场的手'，让政府回归其本位。"①

（二）有助于加快实现政府职能科学化，推进"五位一体"总体布局建设

实现政府职能科学化，是服务型政府建设的重要目标。"所谓职能科学，简单说就是政府做好自己应该做的事情，核心是处理好政府与市场、与社会的关系，有所为有所不为。一方面，实行简政放权，充分发挥市场、社会组织的作用，最大限度地激发市场主体活力和内生动力；另一方面，切实发挥好政府作用，促进经济社会持续健康发展。如何做到职能科学，关键在于不断地转变政府职能。转变职能是改革行政体制的核心，是建设服务型政府的重要举措。"②

服务型政府建设之所以要加快实现政府职能的科学化，最终是为了推进我国"五位一体"总体布局建设。党的十八大着眼于全面建成小康社会、实现社会主义现代化和中华民族伟大复兴，对推进中国特色社会主义事业作出经济建设、政治建设、文化建设、社会建设、生态文明建设"五位一体"的总体布局。服务型政府建设既是行政体制改革的目标，又是经济体制改革的保障，是经济建设和政治建设的重要提动力，因此有助于从总体上推进我国"五位一体"的布局建设。

---

① 袁峰："服务型政府建设前景可期"，http://hnrb.hinews.cn/html/2014-02/11/content_2_7.htm，访问日期：2016年11月4日。

② 王峰："深化行政体制改革 加快建设服务型政府"，载《行政管理改革》2013年第11期，第4页。

（三）有助于增强公民的有序政治参与，促进民主化进程

服务型政府建设的着眼点是保障社会公平正义、加强公共服务体系建设、促进公共服务均等化等，把人民群众的愿望和诉求作为根本的出发点和落脚点。为了实现人民的愿望和诉求，“服务型政府的建设，迫切需要建立以公民为导向的服务提供机制。在该种机制下，公民拥有参与公共服务过程的基本权利。这使得公共政策的制定过程中需重新思考公共产品和公共服务在政策资源中的比重。因此，从政策制定的角度上看，只有通过公民参与，政府才有压力和动力制定出相关分配政策或公共投资政策，为公民提供高质量的公共产品和公共服务”。①

（四）有助于适应国际行政体制改革的潮流，提高国际竞争力

在经济全球化和一体化日趋深入发展的背景下，政府直接走上了国际竞争的前沿舞台，如何实现“更好的治理，更好的服务，更快的发展”已经成为各国政府体制改革追求的共同目标。之前我国政府过于重视经济的发展，在社会管理、公共服务等领域严重缺位，这在一定程度上造成了我国政府提供公共产品的效率低、质量差。服务型政府的建设，增强政府的服务意识，提高政府的管理效率和竞争力，吸引更多的资金、技术和人才，既适应了国际行政体制改革的潮流，又提升了我国政府的国际竞争力。

① 李宜钊：“论公民参与对服务型政府建设的意义”，载《中共合肥市委党校学报》2009年第4期，第41页。

第三章　简政放权：政府与市场关系视角下的政府职能转变

党的十八大以后开始的新一轮政府职能转变，简政放权无疑是“急先锋”。习近平总书记明确指出：“经济体制改革是全面深化改革的重点，核心问题是处理好政府和市场的关系，使市场在资源配置中起决定性作用和更好发挥政府作用。”2013 年 3 月 17 日，李克强总理在回答中外记者提问时指出：“市场能办的，多放给市场。社会可以做好的，就交给社会。政府管住、管好它应该管的事。”这是新一届中央政府最早释放出简政放权的信号。此后，简政放权一直是新一届中央政府的重要施政内容。据不完全统计，2013～2015 年，中央下放和取消的行政审批事项接近 1000 项（其中，2013 年下放和取消 416 项，2014 年下放和取消 247 项，2015 年预计下放和取消 200 项左右）。2014 年共开了 40 次国务院常务会议，有 21 次部署了“简政放权”，2015 年国务院常务会议有超过 1/3 以上的会议主题涉及简政放权。[①] 简政放权是处理政府、市场、社会关系的关键，是贯通经济体制改革和行政体制改革的核心环节，是确保政府职能“不缺位”“不越位”的基本举措。

---

① 以上数据分别来源于：“简政放权一年：红利逐步显现”，http：//www. gov. cn/zhengce/2016 –01/11/content_ 5032064. htm；“‘简政放权’两年回望：治腐需治权，‘割肉’须继续”，http：//hews. ifeng. com/a/20150305/43278470 –0. shtml；“行政审批削减三分之一以上目标提前完成”，http：//www. chinanews. com/cj/2015/02 –28/7086463shtml，访问日期：2016 年 6 月 10 日。

第一节 简政放权概观

一、从精兵简政到简政放权

（一）精兵简政：新中国成立前中国共产党简政放权的实践形态

中国共产党历来重视简政放权工作。1941 年，中央革命军事委员会在《关于抗日根据地军事建设的指示》中指出："由于人力物力的限制及运动战的可能绝对减少，主力军应采取适当的精兵主义，其工作重心是提高其政治军事技术的质量，缩编与充实编制。"这是党的文件中第一次出现简政放权的思想。不久，以民主人士李鼎铭为主的陕甘宁边区参议会参议员在关于边区政府财政问题的提案中，提出了"精兵简政"的思想，受到毛泽东和中共中央的高度重视。1941 年 12 月 6 日，《解放军报》发表了《精兵简政》的社论，对精兵简政进行了系统的阐述。社论指出："在边区，精兵主义的执行，主要的应该是提高主力部队的战斗力，保证他们的物质供给，保证他们有充分时间进行政治的和军事的教育，更进一步的提高他们的文化程度，更认真的遵守群众纪律，开展群众工作。……在边区的简政，绝不是少做事或者是少用人，反之，我们应该做的事还是太多，而我们现有的人员还远远的不够用，今天边区实行简政，主要该做的是：行政工作抓中心，行政机构求精干，建立正规工作制度，提高工作效率；在干部使用上不仅要使人人有工作，而且要努力做到人尽其才，才尽其用；在财政工作上不仅要取之合理，而且要用之得当。"1942 年，毛泽东专门为《解放军报》撰写了《一个极其重要的政策》的社论，对精兵简政的重要性进行了阐述："我们的庞大的战争机构，是适应过去的情况的。那时的情况容许我们如此，也应该如此。但是现在不同了，根据地已经缩小，在今后的一个时期内还可能再缩小，我们便决然不能还像过去那样地维持着庞大的机构。……假若我们缩小自己的机构，使兵精政简，我们的战争机构虽然小了，仍然是有力量的；而因克服了鱼大水小的矛盾，使我们的战争的机构适合战争的情况，我们就将显得越发有力量，我们就不会被敌人战胜，而要最后地战胜敌人。”① 不仅如此，毛泽东还深刻地认识到精兵简政在推行过程中面临的困难和问题：“现状和习惯往往容易把人们的头脑束缚得紧紧的，即使是革命者有时也不能免。庞大的机构是由自己亲手创造出来的，想不到又要由自己的手将它缩小，实行缩小时就感到很勉强，很困难。”② 为了贯彻落实精兵简政工作，中共中央先后在《中央、军委关于一九四二年工作中心任务的指示》（1941 年 12 月 28 日）、《对战后形势的分析和关于当前工作问题的指示》（1943 年 1 月 25 日）、《中央关于精兵简政问题的指示》（1946 年 3 月 6 日）等文件中强调了精兵简政工作的重要性。应该说，精兵简政工作是伴随着革命根据地建设和人民军队建设开展的一项重要任务，为新中国成立后的简政放权工作进行了重要的理论和实践准备，积累了宝贵的经验。通过简要的梳理这一时期的精兵简政工作，我们认为，在这一时期，我们党对简政放权的认识已经非常深刻，既认识到精兵简政工作的重要性（使我们的战争的机构适合战争的情况），也提出了具体的工作措施和工作方法（抓中心工作、精简行政机构、建立正规工作制度、开展群众工作等），还认识到精兵简政工作可能面临的困难和问题（思想认识、工作惯性等）。

（二）简政放权：新中国成立后至改革开放前中国共产党简政放权工作及评价

新中国成立后，中国共产党作为执政党，将民主革命时期的精兵简政

① 毛泽东：“一个极其重要的政策”，见《毛泽东选集（合订一卷本）》人民出版社 1964 年版，第 837 ~ 838 页。

② 毛泽东：“一个极其重要的政策”，见《毛泽东选集（合订一卷本）》人民出版社 1964 年版，第 838 页。

思想在社会主义革命和社会主义建设中继续贯彻执行。如果简要回顾改革开放之前我国简政放权的历史进程，大致可以将之分为三个阶段。

1. 1949～1956年：从精兵简政向简政放权过渡

新中国成立之初，毛泽东就把节俭国家机构经费作为实现国家财政经济状况好转的必要条件。但是，这一时期的简政放权，由于抗美援朝战争的进行，仍然是围绕精兵简政的问题展开的。1951年12月，中共中央发布《关于实行精兵简政、增产节约、反对贪污、反对浪费和反对官僚主义的决定》中专门就精简机构问题进行了部署："政府、党派和团体的精简原则是紧缩编制，调整机构，减少层次和简化手续。在编制员额上，应该紧缩上层，充实下层，紧缩人多事少的机构，补充事多人少的方面。中央号召中央各单位、各大行政区、各省市，都要依照全国编制会议的规定主动地进行精简。县、区、乡的划小，须先经政务院有一个原则的规定和一个概数的分配，然后由各大行政区和省作具体的处理。在机构调整上，应该合并那些重叠的和分工不清而性质相同的机构，合并那些现在尚不忙于分立而可以合并的机构，成立那些目前在工作上急需成立的机构，取消那些可有可无的机构，有些机构和团体在业务的联系上可以归并、兼办或者合署办公。这一切调整，都应根据具体情况，从政治和业务两方面考虑，避免轻率决定，影响工作。各级机关应依照全国编制会议规定，尽量减少层次，实行分工负责，简化办公手续，裁减可有可无甚至不起作用的人员，以提高工作效率。"1954年6月，国家计委就1953年度国民经济计划执行的基本情况及1954年度国民经济计划中的几个问题给毛泽东和中共中央的报告中强调，为了保证1954年度国民经济计划的完成，必须要精简行政机构，减少冗员，节省行政费开支。1955年7月，李先念在第一届人大二次会议上所作的《关于1954年决算和1955年预算的报告》中指出，为了实现增产节约、反对浪费的目标，必须精简国家机关，以便加强社会主义建设事业，避免人力和财力的浪费。"凡是应当直接为生产和建设服务的工作人员都必须尽先抽调到生产和建设的岗位上去，以便发挥工作人员的能力和创造性积极性，满足经济建设单位和基层生产组织的迫切需要，并且给一部分需要职业训练的人员以适当的训练，以便使他们胜任并愉快地转入生产战线。对其余人员，也都应当在精简国家机关的前提下，给以妥善的安置。为了合理地使用人力，一切国家机关工作人员和国营企业中的职工，都应当服从国家的调动；同时，国家也应当对被调动的职工和工作人员的困难，予以适当的解决。各事业单位编制过大、各企业单位非生产人员过多以及各企业任意招收职工使企业职工超过实际需要等缺点，也应当在实行全面节约的原则下加以克服。”

在精兵简政的影响下，我们发现，这一时期的简政放权，其重心显然是在“简政”方面，尤其聚焦于精简机构和精减人员，希冀通过机构和人员的精简尽可能缩减行政经费，对放权问题则未予提及。不仅如此，这一时期的政府职能，非但未涉及放权，反而一直强调的是政府的“收权”。上文提及的国家计委就1953年度国民经济计划执行的基本情况及1954年度国民经济计划中的几个问题给毛泽东和中共中央的报告，就明确要求：“为保证国营企业的生产和基本建设任务的完成，使其尽可能逐步的摆脱自由市场的影响，还必须加强重要物资的分配工作。……为加强物资分配工作，就要加强国家物资分配机构和各工业部门、各地区物资分配的机构及其工作，使其摸清物资的来源、需要及库存情况，掌握重要物资使用方向和合理的储备，研究地区平衡和季节平衡，研究定额，正确制定分配计划；研究物资节约的方法，推动各国民经济部门厉行节约并合理使用物资；协助各有关部门处理积压和呆滞物资，开辟新的物资来源。各工业部门则要加强供销机构特别是销售机构及其工作；供销双方应按照国家物资分配计划采取合同形式使供产销的工作更好地结合起来。”甚至在一定程度上，简政不是为了放权，而是为了集权。例如，1954年9月，周恩来在第一届全国人大一次会议上代表政务院所作的《政府工作报告》，在谈到政府机构精简时就指出：“地方政权系统中的大行政区一级，在过去几年的工作中曾经有重大的作用。但是由于国家在有计划的经济建设时期要求进一步的集中统一，要求减少组织层次，增加工作效率，这一级行政机构已在今年六月由中央人民政府决定撤销了。”很明显，大行政区行政机构的精简，其目的是加强中央的集中统一，而不是下放行政权力。

2. 1956～1966 年：简政放权的形成和发展

从 1956 年开始，简政放权工作开始初步呈现出简政与放权相结合的趋势。其中值得一提的是毛泽东在 1956 年 4 月 25 日发表的《论十大关系》的讲话。在这一次讲话中，毛泽东突破了此前简政放权工作对简政强调有余，对放权认识不足的问题，在继续强调机构精简的同时，明确将“国家、生产单位、生产者个人之间的关系”作为十大关系中的一种进行了阐述。毛泽东认为，处理国家、生产单位和生产者个人之间的关系，总的前提是要兼顾国家、集体和个人三方面利益。在这个前提之下，毛泽东指出：“这里还要谈一下工厂在统一领导下的独立性问题。把什么东西统统都集中在中央或省市，不给工厂一点权力，一点机动的余地，一点利益，恐怕不妥。中央、省市和工厂的权益究竟应当各有多大才适当，我们经验不多，还要研究。从原则上说，统一性和独立性是对立的统一，要有统一性，也要有独立性。”这实际上已经触及了放权问题的核心，就是如何处理政府和企业（市场）的关系。虽然毛泽东对这一关系提出的处理方案非常笼统和原则，但是它表明，新中国成立后，我们党最终实现了从军事化色彩浓厚的精兵简政到国家治理层面上的简政放权的转变。同年 9 月，周恩来在中共八大上所做的《关于发展国民经济的第二个五年计划的建议的报告》中，专门阐述了行政体制改革中如何处理中央与地方关系问题。周恩来指出：“在划分中央和地方的行政管理职权的时候，应该实行以下的原则：（1）明确地规定各省、自治区、直辖市有一定范围的计划、财政、企业、事业、物资、人事的管理权；（2）凡关系到整个国民经济而带全局性、关键性、集中性的企业和事业，由中央管理；其他的企业和事业，应该尽可能地多交给地方管理；企业和事业在下放的时候，同他们有关的计划、财务管理和人事管理一般地应该随着下放；（3）企业和事业的管理，应该认真地改进和推行以中央为主、地方为辅或者以地方为主、中央为辅的双重领导的管理方法，切实加强对企业和事业的领导；（4）中央管理的主要计划和财务指标，由国务院统一下达，改变过去许多主要指标由各部门条条下达的办法；（5）某些主要计划指标和人员编制名额等，应该给地方留一定的调整幅度和机动权；（6）对于民族自治地方各项自治权利，应该作出具体实施的规定，注意帮助少数民族地区政治、经济、文化事业的发展；（7）改进体制要逐步实现，某些重大的改变，应该采取今年准备、明年试办、到第二个五年计划期间全面实施的步骤，稳步进行。为了有效地实行上述的各项原则，我们认为，中心的问题是在中央的统一领导下，适当地扩大地方的权限。因为地方比中央更加接近企业和事业的基层单位，更加接近群众，也更加容易了解实际情况，适当地扩大地方的权限，就能够更好地把地方上的一切力量，一切积极因素，组织到社会主义建设事业中来。”这七项原则实际上已经触及了简政放权工作中需要理顺的政府和企业、中央和地方等关系问题，而且具备了一定的可操作性。同年10月，中共中央、国务院发布《国务院关于改进国家行政体制的决议（草案）》，就计划、财政、工业、基本建设、农业林业水利、运输邮电、商业、文教科学卫生、政法、劳动、少数民族等领域的分权问题进行了比较详尽细致的部署，并专门就机构编制问题进行了说明。

通过上文的梳理，我们认为，在改革开放之前，这一段时期是简政放权工作比较活跃的时期。一方面，我们实现了从精兵简政向简政放权的过度，特别是将简政和放权结合起来，在计划经济强调中央集权的背景下，是非常难能可贵的；另一方面，我们在简政放权方面的举措已经初步具备了一定的体系性和可操作性，并取得了初步的成效。具体来说，这一时期简政放权工作呈现出以下特点：第一，简政放权开始实现“简政”与“放权”的良性互动。这一时期是新中国“简政”与“放权”的第一次正式结合。由于革命战争年代头重脚轻的机构设置现象在新中国成立之初依然存在，故此在国家建设的过程中，其弊端日益凸显。“建国之初，由于新的国家政权机构在战争废墟上初创，面临任务繁重却经验不足的境况，由此在建立各级政府机构的过程中出现机构繁多、层次复杂却又分工不清、人浮于事的现象。而经济建设和文教事业等新建命门和基层政权又缺乏足够的人才。”①为了解决这一问题，简政与放权的结合势在必行。而且，从这一时期简政放权的效果来看，在一段时期内，简政与放权实现了良性互动。例如。1957 年国务院发布《关于改进工业管理体制的规定》，一方面，要求调整现有企业的隶属关系，把目前由中央直接管理的一部分企业，下放给省（市）自治区领导，作为地方企业，并增加各省（市）自治区人民委员会在物资分配方面的权限；另一方面适当扩大企业主管人员对企业内部的管理权限。此外，诸如《关于改进商业管理体制的规定》《关于改进财政体制的规定》等也都在积极推进简政放权工作，这也促成了新中国简政放权的第一个繁荣时期的到来。第二，简政放权的不彻底性。由于计划经济体制下全能主义国家治理结构的必然逻辑，再加上从 1958 年开始的大跃进，导致简政放权工作出现了急躁冒进的倾向，很多地方政府和企业尚未做好准备就被动接受权力下放，工作效率低下，管理混乱等现象频发。这最终导致简政放权工作的停止，并再度回到中央集权的轨道上来，这是值得我们反思的。

3. 1966 ~ 1976 年：无序的简政放权

“文化大革命”时期，在“左倾”错误的影响之下，大规模的群众运动导致了国家政治生活中的无政府主义思想盛行，从中央到地方的党政机关的工作基本上处于瘫痪状态。这一时期，从表面上来看，简政放权工作的力度空前加强。在机构精简方面，据统计，1965 ~ 1970 年，国务院机

① 刘娟：《国务院机构变迁的新制度主义视角研究（1954 ~ 1966）》，南开大学 2013 年博士学位论文，第 80 页。

构从79个部门锐减到32个，大量的职能部门被裁并。例如，把国家计划委员会、国家经济贸易委员会、劳动部、物资管理部、地质部、国家统计局、国务院工业交通办公室、全国物价委员会和中央公交政治部合并为国家计划委员会；煤炭部、化工部和石油部合并为燃料化学工业部，等等。在权力下放方面，在全面夺权风暴的压力下，为了实现深入实际、深入群众的革命需要，国务院开始大规模地将行政权力下放给地方和群众。1970年，中共中央在国务院报送的《关于国务院各部门建立党的核心小组和革命委员会请示报告》中作出批示："国务院各部、委革命委员会通过党的核心小组加强对各部、委的一元化领导，认真实行党的民主集中制，重大问题必须经过集体讨论决定。在落实国家计划的工作中，要正确处理中央各部门和地方的关系，充分发挥地方的积极性和群众的首创精神。各部、委所属各企业、事业单位，除极少数一时不宜下放外，一般都应下放。下放工作在今年内，应逐步地、分期分批地进行完毕。"在这个批示之下，国务院将大量的行政权力下放给地方。有学者以工交部门为例进行了分析："根据国务院拟定的《关于国务院工业交通各部直属企业下放给地方管理的通知》，各部门在1970年的很短时间内，就草率地将包括鞍钢、大庆油田、开滦煤矿、吉林化工等多个直属企事业单位下放给地方管理。截至9月，国务院工交部门直属的3082个企事业单位，已被下放2237个，占总数的73%，尚待下放的有469个，撤销的有104个。"

如此大规模的机构精简和权力下放，貌似与简政放权的举措相一致，但实际上已经完全背离了简政放权的初衷，其实质是在国家政治生活极不正常的历史背景下造成的权力无序状态，不仅造成行政权力的大规模"缺位"，而且最终也导致了国家整体运行秩序的混乱，这是值得我们深刻反思的历史教训。

二、新时期简政放权的背景

1978年年底，党的十一届三中全会在北京召开，标志着新时期全面

改革的启动 。行政体制改革无疑是新时期我国改革事业的重要组成部分，而简政放权从改革伊始就是行政体制改革关注的焦点。因此，改革开放事业深入、全面、持续的推进，正是新时期简政放权的背景。这主要表现在以下三个方面。

（一）社会主义市场经济体制的确立和完善

新中国成立后，我国在很长一段时期内一直学习和借鉴苏联模式，实行高度集中的计划经济体制，这虽然在一段时期内对于恢复和发展国民经济起到了积极作用，随着社会主义经济建设的深入开展，计划经济体制的弊端日益凸显。党的十一届三中全会公报深刻的总结和反思了计划经济的弊端，认为："现在我国经济管理体制的一个严重缺点是权力过于集中，应该有领导地大胆下放，让地方和工农业企业在国家统一计划的指导下有更多的经营管理自主权；应该着手大力精简各级经济行政机构，把它们的大部分职权转交给企业性的专业公司或联合公司；应该坚决实行按经济规律办事，重视价值规律的作用，注意把思想政治工作和经济手段结合起来，充分调动干部和劳动者的生产积极性；应该在党的一元化领导之下，认真解决党政企不分、以党代政、以政代企的现象，实行分级分工分人负责，加强管理机构和管理人员的权限和责任，减少会议公文，提高工作效率，认真实行考核、奖惩、升降等制度。采取这些措施，才能充分发挥中央部门、地方、企业和劳动者个人四个方面的主动性、积极性、创造性，使社会主义经济的各个部门各个环节普遍地蓬蓬勃勃地发展起来。"这一论述反映出，经济体制面临的问题，很大程度上恰恰是行政权力的运行出了问题。所以，肇始于20世纪80年代的社会主义经济体制改革，其目标虽然是为了建立市场经济体制，但是其措施却是在围绕政府职能转变进行。经过20多年的发展，我国已经建立了比较完善的社会主义市场经济体制，而处理好政府和市场的关系始终贯穿于社会主义经济体制建立的过程。当前，完善社会主义市场经济体制，仍然要将政府和市场的关系定位作为着力点。党的十六届三中全会通过的《中共中央关于完善社会主义市场经济体制若干问题的决定》明确将继续改善宏观调控，加快转变政府职能作为完善社会主义市场经济体制的重要举措，要求“深化行政审批制度改革，切实把政府经济管理职能转到主要为市场主体服务和创造良好发展环境上来”。党的十八届三中全会通过的《中共中央关于全面深化改革若干重大问题的决定》更是明确强调：“经济体制改革是全面深化改革的重点，核心问题是处理好政府和市场的关系，使市场在资源配置中起决定性作用和更好发挥政府作用。市场决定资源配置是市场经济的一般规律，健全社会主义市场经济体制必须遵循这条规律，着力解决市场体系不完善、政府干预过多和监管不到位的问题。”而要处理好政府和市场的关系，必须“进一步简政放权，深化行政审批制度改革，最大限度减少中央政府对微观事务的管理，市场机制能有效调节的经济活动，一律取消审批，对保留的行政审批事项要规范管理、提高效率；直接面向基层、量大面广、由地方管理更方便有效的经济社会事项，一律下放地方和基层管理”。

（二）政府机构改革的持续推行

改革开放后，我国先后在1982年、1988年、1993年、1998年、2003年、2008年、2013年进行了大规模的政府机构改革。我们统计发现，7次政府机构改革，除1982年外，都将政府职能转变作为政府机构改革的核心要务。1988年国务院机构改革方案根据党的十三大报告提出的“为了避免重走过去‘精简——膨胀——再精简——再膨胀’的老路，这次机构改革必须抓住转变职能这个关键”的要求，首次提出转变政府职能，认为“今后五年改革的目标是，转变职能、精简机构、精减人员，提高行政效率，克服官僚主义，逐步理顺政府同企事业单位和人民团体的关系、政府各部门之间的关系以及中央政府同地方政府的关系。”1993年国务院机构改革方案依然继续强调要推行政府职能转变。罗干在对方案进行说明时指出：“这次机构改革的重点是转变政府职能。转变职能的根本途径是政企分开。”1998 年国务院机构改革方案提出，要按照社会主义市场经济的要求，转变政府职能，实现政企分开。2003 年，王忠禹在对国务院机构改革方案进行说明时指出：“转变职能是深化行政管理体制改革的关键。不论是新成立的部门，还是其他部门，都要进一步转变职能，改进管理方式，推进电子政务，减少行政审批事项，规范行政审批行为，完善政府的经济调节、市场监管、社会管理和公共服务职能。”2008 年国务院机构改革方案指出，这次机构改革的主要任务是：“围绕转变政府职能和理顺部门职责关系，探索实行职能有机统一的大部门体制，合理配置宏观调控部门职能，加强能源环境管理机构，整合完善工业和信息化、交通运输行业管理体制，以改善民生为重点加强与整合社会管理和公共服务部门。”2013 年国务院机构改革和职能转变方案不但首次将职能转变和机构改革并列，而且比较完整地提出了我国行政体制改革的目标，即“以职能转变为核心，继续简政放权、推进机构改革、完善制度机制、提高行政效能，加快完善社会主义市场经济体制，为全面建成小康社会提供制度保障”。

通过对 30 多年国务院机构改革历程的回顾和梳理，我们不难看出，政府职能转变基本上是每一次国务院机构改革必然涉及的内容，或者说，机构改革实际上成了政府职能转变的平台和载体。而且，在机构改革的过程中，政府职能转变的地位日益重要，最终成了整个行政体制改革的核心内容。

（三）社会治理体制的日益成熟

2013 年，党的十八届三中全会首次提出“社会治理”的概念。在此之前，我国的官方文件惯于使用“社会管理”一词。从“社会管理”到“社会治理”的转变，从行政法学的视角来说，标志着传统行政法学以政府主导为核心的社会管理向政府、社会、行政相对人共同参与为核心的社会治理的转变。在这一转变的过程中，政府职能转变无疑发挥着关键性的作用。众所周知，政府主导的社会管理体制虽然在很长时期内显示出社会主义集中力量办大事的优越性，但是随着改革的不断深入，其弊端也逐渐显现出来："首先，政府频繁调控经济虽然短期刺激了经济发展，但破坏了经济本身的发展规律，导致经济发展规律紊乱；其次，政府管理社会，一方面导致社会组织不发达，缺乏社会自治能力，另一方面政府也难于承担管理责任；最后，政府频繁干预经济和社会活动，引发政府与市场主体、社会组织和公民个人的矛盾。"① 事实证明，传统的以政府主导为核心的社会管理体制无法回应社会多样性和利益多元化的诉求，甚至有可能将社会问题政治化处理。而社会治理强调的恰恰是"多中心化"，即"其他私人主体、社会组织，包括国际组织，成为政府之外的常态治理主体。治理理论强调，在治理中，国家（政府）和公民双方的角色均要发生改变，国家能力将主要体现在整合、动员、把握进程和管制等方面，公民则不再是消极被动的消费者，而是积极的决策参与者、公共事务的管理者和社会政策的执行者；在公民参与中，第三部门成为主要的组织载体。"② 为了实现多中心化，政府职能的转变势在必行。党的十八届三中全会通过的《中共中央关于全面深化改革若干重大问题的决定》就明确指出："正确处理政府和社会关系，加快实施政社分开，推进社会组织明确权责、依法自治、发挥作用。适合由社会组织提供的公共服务和解决的事项，交由社会组织承担。"处理政府和社会的关系，实际上也就是要解决好政府"有所为有所不为"的问题，这也是政府职能转变的目标。

三、十八大以来简政放权的成效

党的十八大以来，简政放权工作按照中央的要求和部署，在全国范围

① 徐继敏："国家治理体系现代化与行政法的回应"，载《法学论坛》2014 年第 2 期，第 26 页。

② 王瑞雪："治理语境下的多元行政法"，载《行政法学研究》2014 年第 2 期，第 132 页。

内有条不紊的展开，不少地方的简政放权工作得到了中央的肯定。接下来，我们从中国机构编制网上选取几个典型样本进行分析。

（一）山东烟台牟平："组合拳式"简政放权

2015年以来，山东烟台市牟平区编办联合政务服务中心办公室，围绕简化程序、提高效率、畅通渠道、规范流程打出四套"组合拳"，推动简政放权，推进政府职能转变，提高行政审批效率。截至2015年12月底，办件量同比增长264.5%，5个工作日内办结比例达到73.3%，按时办结率与现场办结率均达到100%。

"流程压缩"+"并联提速"，确保服务事项"零积压"。结合《烟台市牟平区行政许可事项目录清单》，坚持以"事项最少、事权最简、效率最高"为目标，科学精炼操作流程、精简审批要件，取消审批过程中的非必要环节，将进厅事项办结时限在2014年压缩60%的基础上再度压缩10%以上。在推行重大项目"容缺预审"的基础上，搭建多部门联动的会审平台，将发改、规划等8个部门的23项审批服务事项纳入绿色通道，由材料不齐不能办的"串联模式"，变为边准备材料边审批的"并联模式"，有力保障企业快登记、项目早开工。目前已通过并联模式为烟台大宗商品产业园区、瑞茂通等5个重大项目在最短时间内办结相关手续。

"集中审批"+"双线评价"，确保服务受理"零障碍"。为深入推进"两集中，两到位"工作，避免因日常业务量少、办件季节性强等原因降低服务标准，将畜牧局、经信局、教体局、农业局、粮食局5个窗口的17项审批服务事项跨部门整合到"综合办公窗口"，并选派多名业务骨干到窗口工作，确保服务时间和服务质量不受影响。调整审批服务大厅的功能布局，将市场监管局、国税分局、地税分局、财政局、公安分局等窗口纳入"企业注册登记服务区"，实现组织机构代码、印章刻制及税务登记"一次性提交、一次性缴费、一次性办结"。以此为基础，2015年10月全面开展"三证合一""一照一码"，工作受到广大群众及经营业户的普遍欢迎。

“网上设点” + “现场蹲点”，确保服务对接“零距离”。设立“网上办事大厅”，把可在网上受理的事项全部纳入网上平台办理，通过“在线咨询——事项申报——表格打印——网上审批”的“一站式”服务，满足群众“少跑腿、快办事”的实际需求。同时，协调厅内窗口单位主要负责人每半年1次、分管责任人每月1次深入到一线窗口“蹲点”服务。2015年上半年，已有28个单位的主要负责人、50多位分管负责人到厅内“蹲点”，现场解决群众诉求170多件，回答咨询400多条，为10多家企业的项目审批解决了实际问题。

“管办分离” + “同步监控”，确保交易操作“零干扰”。坚持“管办分离、统一进场、集中交易”的原则，利用现代化监控手段，将政府采购、国有资产、建设工程等纳入“电子化系统”。在开标厅、评标区、样品室、监控室等处分别安装高清摄像头与刻录机，通过边录边刻的形式，对开标和评标活动进行同步声像监控，有效避免暗箱操作，确保公共资源交易在阳光下运行。

（二）吉林松原：“四字诀式”简政放权

为进一步简政放权，吉林省松原市编办以“清权”为切入点，把握关键节点和难点，突出“实、清、优、严”，努力做好简政放权、放管结合、优化服务文章。

开门改革，突出一个“实”字。松原市审改办每年例行或根据需要组成专题调研组，深入市直各部门开展专题调研，与各部门的主要领导、业务骨干座谈，通过召开座谈会、发放征求意见卡等多种形式，听取群众意见，了解市场和社会的需求。日前，共召开由办事群众、企业法人、行业协会和其他组织参加的座谈会11次，征集各类意见、建议257条，采纳企业、群众和基层反馈的意见37条，为简政放权工作奠定了基础。实现了由政府部门“端菜”变为更多由人民群众“点菜”，形成了以群众需要为导向的倒逼机制。

依法确权，突出一个“清”字。一是行政职权底数清。按照“纵向到底，横向到边”的总体要求，集中开展清理工作，避免漏报、错报甚至瞒报问题，确保职权底数清晰准确。二是清减权力依据清。以委托授权等方式下放到基层等十项原则，建立约谈和诫勉谈话制度，杜绝以“红头文件”形式，私设、滥设行政许可等行政职权，做到简政放权工作于法有据。三是承接、取消事项清。对国务院和省政府取消下放文件进行反复比对，做到该取消坚决取消，该下放绝不截留，不打折扣的贯彻落实简政放权文件。

强化服务，突出一个“优”字。按照减少审批环节、缩短审批时限的原则，对所有行政审批项目的审批流程进行了规范和细化，全部制作了审批流程图。通过重新设计，松原市政府行政审批事项的审批时限比法定时限平均压缩了 47.5%，大大缩短了办理时限。同时，实行了部门领导进厅“坐班制”，“一站式”服务，“一个窗口”对外，“一支笔”签批等措施，还专门设立了工商执照、组织机构代码证和税务登记证“三证合一”窗口，实现了市、区两级行政审批事项集中办理、统一出证，最大限度地为服务对象提供便利。

加强监管，突出一个“严”字。权力清单公布后，松原市把后期监管纳入部门一把手目标责任，纳入政府部门绩效考核和党风廉政责任制，通过督查问责，定期、不定期地对权力运行情况进行检查，对违规行为进行通报、追责，严重的移交司法机关。政府内部层级监督、人大法律监督、政协民主监督、媒体监督和人民群众监督“五位一体”监督体系已初步形成。严格实施涉企行政执法审批制度，加强行政执法与刑事案件衔接和移交，克服行政执法过程中的随意性。

（三）江苏苏州吴中：“加减乘除式”简政放权

2015 年以来，江苏省苏州市吴中区巧用“加减乘除”工作法，深化政府职能转变和机构改革工作，大力简政放权，助推全区经济社会又好又快发展。

一是做好服务“加法”，优化环境促发展。以区行政服务中心更名为区政务服务管理办公室（区政务服务中心）为契机，进一步完善服务平台，构建网上办事大厅和实体大厅“线上线下、虚实一体”的政务服务平台。借助区、镇、村三级便民服务网络和重点项目“领办挂钩”“并行审批”“绿色通道”等制度，再造优化审批流程，总承诺时间再压缩5%以上。建立推行企业设立登记“一窗式”服务模式，落实企业投资自主权，推进投资创业便利化。

二是做好权力“减法”，转变职能强保障。公布了区政府各部门行政权力事项清单、区级行政审批事项目录、区级政府部门专项资金管理清单和行政事业性收费项目目录等“四张目录清单”，全面取消了非行政许可审批，区级行政许可事项与2012年公布的目录相比，削减率达38.5%，完成本届政府行政审批事项减少1/3以上的目标；全区共保留行政权力4117项，行政审批事项160项，政府部门专项资金24项，行政事业性收费项目64项，明确了政府权力边界，实现“目录之外无审批、法无授权不可为、目录之外无收费”。

三是做好责任“乘法”，整合资源聚合力。按照大部门制改革要求，通过强化机构和职责整合，凝聚改革创新工作合力，强化管理责任。整合区卫生局的职责和区人口和计划生育局的计划生育管理和服务职责，组建区卫生和计划生育局，推动全区医疗卫生和计划生育服务资源优势互补。整合工商、质监、食药监部门的职责，组建区市场监督管理局，强化市场监管、产品质量监管和食品药品监管职责，形成监管执法合力，保障群众“舌尖上的安全”。整合分散在多部门的园林绿化、市容市政管理职责，推动同一件事由一个部门牵头，完善部门协调机制，避免工作缺位、越位。

四是做好编制“除法”，盘活存量夯基础。将市场监管部门机关人员编制压缩20%，精简下来的编制用于加强基层的监管执法力量。按区域综合设置了9个市场监督管理分局，承担所辖区域工商、质监、食品药品等市场监管执法工作，打通监管执法的“最后一公里”。以简政放权为契机，严格落实控编减编措施，区属事业单位现有空编由机构编制部门统筹管理，主要用于市场监管、民生保障、环境保护等重点领域和加强基层一线人员力量。一方面严守“三条红线”，确保机构限额和编制总量两个“不突破”和财政供养人员只减不增，另一方面有效保障了重点工作、民生领域的用编需求，推动简政放权的成果惠及民生。

第二节　公共服务均等化：以基本医疗服务均等化为视角

一、新中国医疗卫生服务制度的历程回顾（1949～2009年）

（一）1949～1978年：计划经济时代的基本医疗服务制度

新中国成立后，我国的医疗卫生事业模仿苏联的模式，在相当长的一段时期内实行严格的行政管制，对医疗卫生资源的分配和使用实行统一规划、统一领导、统一管理。在这种浓厚的社会主义公有制理论指导下，我国在较短的时间内建立了公费医疗制度、城镇职工劳动保险医疗制度和农村合作医疗制度，基本上覆盖了全体公民，医疗卫生服务成为公民的一项重要社会福利。下面，笔者简要介绍一下这三种医疗制度。

1. 公费医疗制度

新中国成立后，政务院于1952年6月27日发布了《中央人民政府政务院关于全国各级人民政府、党派、团体及所属事业单位的国家工作人员实行公费医疗预防的指示》，明确规定“公费医疗预防的范围，自一九五二年七月份起，分期推广，使全国各级人民政府、党派、工青妇等团体、各种工作队以及文化、教育、卫生、经济建设等事业单位的国家工作人员和革命残废军人，得享受公费医疗预防的待遇”。这标志着公费医疗制度在新中国的确立。1953 年，卫生部在《关于公费医疗的几项规定》中将国家工作人员的范围推广至乡干部及大学生。1989 年 8 月 9 日，卫生部和财政部共同颁布《公费医疗管理办法》，将享受公费医疗的人员范围明确界定为公务员、事业单位工作人员、享受公费医疗单位的离退休人员、二等乙级以上革命残废军人和残废军人教养院、荣军院的革命残废军人、高等院校的大学生、研究生等。由此可见，我国的公费医疗制度是专为国家工作人员设置的一项医疗服务制度。

2. 城镇职工劳动保险医疗制度

1951 年，政务院颁布《劳动保险条例》，标志着包括城镇职工劳动保险医疗在内的城镇职工劳动保险制度正式建立。《劳动保险条例》第 13 条：“疾病、非因工负伤、残废待遇的规定：甲、工人与职员疾病或非因工负伤，应在该企业医疗所、医院或特约医院医治，如该企业医疗所、医院或特约医院无法医治时，应由该企业行政方面或资方转送其他医院医治，必须住院者，得住院医治。其治疗费、住院费及普通药费，均由企业行政方面或资方负担；贵重药费、就医路费及住院时的膳费由本人自理。乙、工人与职员疾病或非因工负伤停止工作医疗时，其医疗期间连续在三个月以内者，按其本企业工龄的长短，由该企业行政方面或资方每月发给其本人工资百分之五十至百分之一百；连续医疗期间在三个月以上时，改由劳动保险基金项下按月付给疾病或非因工负伤救济费，其数额为本人工资百分之三十至百分之五十，至能工作或确定为残废，或死亡时止。但连续停工医疗期间以六个月为限，超过六个月者按丙款残废退职待遇办理。详细办法在实施细则中规定之。丙、工人与职员因病或非因工负伤致成残废，完全丧失劳动力不能工作而退职者，按其本企业工龄的长短，由劳动保险基金项下按月付给非因工残废救济费，其数额为本人工资百分之二十至百分之三十，至恢复劳动力或死亡时止。如有其他经济来源可以维持生活，此项非因工残废救济费不予发给。详细办法在实施细则中规定之。丁、工人与职员供养的直系亲属疾病时，得在该企业医疗所、医院或特约医院免费诊治，普通药费减半，贵重药费、就医路费、住院费、住院时的膳费及其他一切费用，均由本人自理。”从这一规定我们可以看出，新中国成立后，对城镇职工的医疗服务是非常重视，不但规定了详细的服务事项，而且设定了精确的服务标准。不仅如此，该项服务还从职工本人扩展到职工的直系亲属，成为名副其实的福利权益。

3. 农村合作医疗制度

据学者考证，新中国的农村合作医疗制度最早是在山西产生的。1955年，山西省高平县米山乡在合作化进程中最早实行了集体医疗保健制度，凡是本社社员均可以获得免费的医疗预防保健服务，在本社服务站就医享受价格优惠。1959年，卫生部在《关于全国农村卫生工作山西稷山现场会议情况的报告》和《关于人民公社卫生工作几个问题的意见》都明确指出，在目前的阶段，以实行人民公社社员集体保健医疗制度为宜。1960年，中共中央发布《关于卫生工作的指示》，向全国转发了这两个文件，要求全国各地认真遵照执行。此后，农村合作医疗卫生制度开始在全国范围内开始建立。1965年6月26日，毛泽东发布《关于卫生工作的指示》，号召把医疗卫生工作的重点放到农村，这对农村合作医疗卫生制度的深入开展起到了重要的推动作用。1968年，毛泽东又提出了“合作医疗好”的口号，在当时“文化大革命”的特殊背景下，农村是不是推行合作医疗已经不仅仅是一个卫生制度问题，而是是不是执行毛主席无产阶级革命路线的政治问题。所以，此时的农村合作医疗卫生制度已经从“自愿性的社区医疗转变成为强制性的集体福利。”①

① 顾昕、方黎明：“自愿性与强制性之间——中国农村合作医疗的制度嵌入性与可持续性发展分析”，载《社会学研究》2004年第5期，第4页。

（二）计划经济时代基本医疗服务制度的评价

新中国成立后，我国之所以建立了公费医疗制度、城镇职工劳动保险卫生制度、农村合作医疗制度，笔者以为，这主要有三个原因：第一，我国历史上就有“济贫安民”的仁政思想，这种济贫安民的仁政思想在我国几千年的官僚哲学下，必然表现为政府对福利事业的主导权。“政府是唯一有充分资格去担负济贫工作的制度，任何其他的组织都会引起政治性的猜忌，因为民间的济贫除了标榜自身的道德优越外，还可能意味着政府无能”。[①] 所以，政府主导是我国文化传统的历史产物；第二，马克思主义的公有制思想也必然会催生“公有制”色彩浓厚的基本医疗服务制度。马克思在《哥达纲领批判》中提出，被列宁在《国家与革命》一书中进一步阐述的观点表明，在共产主义的第一阶段，无产阶级专政的国家“在整个社会的全部劳动中，必须拿出一部分作后备基金，作扩大生产的基金和补偿‘磨损了的’机器的费用等等，然后在消费品中还要拿出一部分作为管理费以及学校、医院、养老院等等的基金。”[②] 而在马克思看来，“从一个私人地位的生产者身上扣除的一切，又会直接或间接地用来为处于社会成员地位的这个生产者谋福利”。[③] 亦即我们所说的取之于民，用之于民。这种公有化的思想深深地影响了当时的国家决策；第三，新中国成立之初的经济社会发展水平决定了当时必须采取完全公有化的医疗卫生服务制度。新中国成立之初，我国生产力水平低下，各项社会事业的发展都陷入停滞状态，有限的国家财力如何才能在最短的时间内解决这一问题，是对中国共产党的严峻考验。在当时的历史背景下，只有集中国家财力有重点的确保最低限度的社会需求的满足，才能在当时复杂的社会背景下立住脚跟。而公费医疗制度、城镇职工劳动保险医疗制度、农村合作医

---

① 杨雅华：“从中西文化的差异与融合看流浪乞讨的规制”，载《福建师范大学学报（哲学社会科学版）》2007 年第 6 期，第 111 页。

② 《列宁选集（第三卷）》，人民出版社 1960 年版，第 249 页。

③ 《马克思恩格斯选集（第三卷）》，人民出版社 1972 年版，第 10 页。

疗制度都是在当时医院、医务人员和药品，各方面条件都非常欠缺的客观条件下对国家人员、工人和农民最低限度的医疗保障。

1. 计划经济时代基本医疗服务制度的成就

计划经济时代基本医疗服务制度在当时的政治、经济和社会环境下的运行，总体而言还是比较成功的。这些成就可以概括为三个方面。

第一，计划经济时代的基本医疗服务制度，为我国的医疗卫生事业积累了丰富的医疗卫生资源。政府和集体筹资办医疗的制度模式有利于在最短的时间内集中优势资源，改善城乡居民的医疗卫生环境。客观地讲，我国目前的医院、卫生所和其他医疗卫生服务机构，很大一部分都是在公费医疗制度、城镇职工劳动保险医疗制度和农村合作医疗制度的推行中逐渐建立起来的。“到20世纪70年代后期，全国公共卫生机构发展到4000多家，卫生防疫人员9万多人，基本形成了包括卫生防疫、地方病控制、妇幼保健、国境卫生检验检疫等方面组成的全面的公共卫生体系。”① 这些医疗资源至今仍然是我国医疗卫生事业发展的基础，也是医疗卫生事业改革最基本的支撑。

第二，计划经济时代的基本医疗卫生服务制度，始终坚持以公益服务为宗旨，为公民最大限度地提供了接受医疗卫生服务的机会，确保了基本医疗卫生服务的公平性。由于计划经济时代的基本医疗卫生制度完全是由政府和集体主导的，因而医疗卫生事业的发展始终遵循公益性发展方向，为公民提供近乎免费的医疗卫生服务。有学者在对计划经济时代的基本医疗卫生服务制度进行研究后发现，“医疗服务体系在提供基本医疗卫生服务的同时，也具有转移支付和医疗费用保障的功能。即使未参加任何形式医疗保障的居民，看病时就已经获得了政府公共投入的补贴，这就确保了全国绝大多数居民特别是经济困难群体能够看得起病，从而大大提高了医

① 张栋：“新中国以来医疗卫生事业的发展轨迹”，http：//www.minge.gov.cn/mgzy/2011n/201310/2e63938648b24773949be2571ce1a7f2.shtml，访问日期：2016年12月20日。

疗卫生事业的公平性”。①

第三，计划经济时代的基本医疗卫生制度，极大地提高了我国公民的健康水平，得到了国际社会的广泛好评。评价制度的主要指标就是要看制度运行的实际效果。计划经济时代的基本医疗卫生服务制度，用最有限的资源创造了巨大的成就。新中国成立之初，我国公民的人均寿命只有 35 岁，可是“到改革开放之初，人均寿命已提高到将近 70 岁，婴儿死亡率降至 34.7‰，产妇死亡率也大幅度降低，在全国范围内，各种烈性传染病被完全消灭或基本消灭，多种地方病和寄生虫病被有效控制。在 1978 年阿拉木图会议上，世界卫生组织把中国的卫生发展模式作为初级卫生保健的典范向世界推荐，其中主要功劳在于公共卫生事业的建设”。②

2. 计划经济时代基本医疗服务制度的问题

虽然计划经济时代的基本医疗服务制度取得了巨大的成就，但是随着社会经济的发展变化和制度运行过程自身问题的暴露，改革开放以后，计划经济时代的基本医疗服务制度的一些负面效应开始显现出来，并日益成为阻碍这一制度继续运作的桎梏。客观地讲，计划经济时代基本医疗服务制度主要存在以下三个方面的问题。

第一，完全行政化运作的医疗卫生服务制度造成了医疗卫生资源的严重浪费。在计划经济时代，医疗卫生服务制度完全是由国家投资建设和维持运作的，由于公民的医疗费用和医疗机构的运行费用基本上是由国家和集体来“买单”的，所以医患双方都缺乏必要的医疗成本控制意识。“个人利益与医疗经费开支分离，医疗单位利益与医疗经费开支分离，造成了患者、单位和医院都缺乏费用开支的控制意识，并因此存在着许多弊端。再加上管理上的混乱，大家都来吃‘大锅药’，出现了诸如‘人情处方’

① 孔德斌：“医疗卫生领域的政府职能转型”，载《行政论坛》2007 年第 1 期，第 80 页。

② 张栋：“新中国以来医疗卫生事业的发展轨迹”，http://www.minge.gov.cn/mgzy/2011n/201310/2e63938648b24773949be2571ce1a7f2.shtml，访问日期：2016 年 12 月 20 日。

'搭车吃药''挂床吃药'等各种名堂，浪费现象相当严重"①。

第二，医疗经费的沉重负担已经严重影响了医疗资源的实际效果。在医疗资源完全由国家和集体负担的情况下，医疗资源的浪费必然会持续增加国家财政的负担。而在国家财力有限的情况下，有限的财政资源都在政府和集体筹资办医疗的制度运行中被内耗了，但是医疗的质量却没有根本的改观。到了20世纪70年代末，全国各地医疗机构的医疗设施依然陈旧，药品的品种和质量不容乐观，所谓"全民医疗"实际上仅仅维持在一个非常低的水平上。"在计划经济体制下，一方面，政府控制了医疗服务和药品资源配置的权力，并实施低价供给策略；另一方面，在这一制度环境中，困扰全世界医疗体制的供方诱导下过度消费的问题基本上不存在。无论是赤脚医生（兼职的乡村卫生人员）、公社卫生员，还是县级及以上医疗机构的医务人员，其收入由集体或国家规定，不存在提供过多服务的激励机制，因而医疗服务的成本无从提高。药品价格也受到国家的计划控制，保持在较低的水平上。"②

第三，计划经济时代的基本医疗服务制度存在着较大的形式主义色彩，在制度运行的实际过程中，城乡之间、干群之间的不平等问题越来越突出。计划经济时代的基本医疗服务制度是建立在严格的身份划分基础上的，即公费医疗制度只能由国家工作人员享受，城镇职工劳动保险医疗制度只能由城镇职工享受，农村合作医疗制度只能由农民享有。这种身份化的医疗服务制度虽然在形式上确保了所有的公职人员、城镇职工、农村社员都能够享受到医疗服务，但是实际上，由于三种医疗服务制度的资金来源渠道不同、享受待遇的对象不同、范围不一样，因而制度之间的实质性不平等是非常严重的。例如，近年来饱受诟病的公费医疗制度，已经成为

---

① 杨东雪、闫秀贤："谈我国公费医疗制度的管理与改革"，载《当代经济科学》1994年第5期，第102页。

② 顾昕、方黎明："自愿性与强制性之间——中国农村合作医疗的制度嵌入性与可持续性发展分析"，载《社会学研究》2004年第5期，第5页。

标识公务员身份的一项重要的“福利权利”。对此，北京大学刘国恩教授在接受采访时指出：“我们在公费医疗取消之前，公务人员、公职人员的医疗服务完全由财政出钱直接支付，所以它和我们广大的百姓，包括城镇居民、城镇职工还有农村居民，完全不在一个保障制度的平台上，那个时候我们谈的是制度上的一个分割”。再比如，虽然在计划经济时代，基本医疗服务制度是由政府和集体主导的，但是实际上，政府和集体的主导在不同的制度上是有差别的。从前文的梳理中不难看出，公费医疗制度的资金全部由国家财政包下来，就医除挂号费外，所有费用均由财政负担，个人不需支付费用。劳动保险医疗制度的资金则由企业提取，在福利费用中开支，由企业自行管理，实际上是企业保险。而反观农村合作医疗制度，其资金是由集体与个人共同负责的。由此可见，计划经济时代作为公民重要福利的基本医疗服务制度，城市的公有化水平显然高于农村，因此城镇居民的医疗福利显然优于农村居民，这也进一步加剧了城乡之间的对立和分化。

（三）1979～2009年：医疗卫生事业的市场化发展

计划经济时代的基本医疗服务虽然坚持了公益优先、普遍服务的发展方向，但是由此带来的医疗资源浪费和医疗服务水平低下等弊病也进一步制约着我国医疗卫生事业的发展。改革开放以后，医疗卫生事业开始反思计划经济体制下由政府和集体筹资办医疗的高度集权的医疗制度模式，启动了医疗卫生事业的市场化进程。到20世纪90年代初，医疗卫生事业的市场化改革已经是大势所趋。1992年，国务院发布《关于深化卫生医疗体制改革的几点意见》提出要“进一步扩大医疗卫生单位的自主权，包括劳动人事安排权、业务建设决策权、经营开发管理权和工资奖金分配权”，“继续推行各种形式的责、权、利相结合的目标管理责任制”，“鼓励公平竞争，打破平均主义的分配方式”。卫生部据此提出了“以工助医、以副补主”的改革思路，进一步刺激了医疗事业的营利性竞争。所谓的“以工助医、以副补助”，实际上就是将卫生事业推向产业化。此后，虽然围绕医疗卫生事业市场化改革的争论从未中断，但是在社会主义市场经济大潮的推波助澜下，医疗卫生事业的市场化发展一直在持续进行。

医疗卫生事业的市场化发展，其突出的特点集中体现为“医疗服务机构的组织与运行从追求公益目标为主转向全面追求经济目标；城镇企业职工实行社会统筹与个人账户相结合的医疗保险制度，公务员和事业单位实行公费医疗制度，农村合作医疗保障体制和传统医疗保障制度瓦解；医疗卫生投入由中央统筹为主转向地方政府分级投入为主；政府干预重点受经济利益驱动，将有限的卫生资源主要集中在临床诊断治疗上，尤其是高、精、尖的技术层面上等”。[①] 具体来说，有学者将我国医疗体制的市场化改革概括为三个方面的内容：“（1）医疗保险制度的改革，核心是建立成本分担机制，使国家不再‘包揽过多’；（2）医疗机构的改革，重点是调整医疗服务价格体系，建立所谓‘合理的补偿机制’，说穿了就是试图在医疗卫生领域建立起市场决定价格的‘市场定价机制’；（3）药品生产流通体制的改革，则着眼于引入竞争机制。”[②] 医疗卫生事业的市场化改革在一定时期内确实缓解了我国医疗资源不足和浪费严重的情况。根据卫生部2006年的统计，截至2005年年底，全国卫生机构总数达到30.9万个，医疗机构床位349.6万张，卫生人员总数562.0万人。医疗资源不足的现象得到了极大地缓解。

（四）市场经济时代医疗卫生事业的发展评述

虽然医疗卫生事业的市场化发展的确在很大程度上解决了计划经济时代医疗卫生事业发展中存在的问题，但是我国的医疗体制改革从一开始就

---

① 袁文全：“市场背景下公共医疗卫生服务的法律规制”，载《法律科学》2011年第1期，第104页。

② 孔德斌：“医疗卫生领域的政府职能转型”，载《行政论坛》2007年第1期，第79页。

和医院以及职工的经济效益结合在一起。后来，随着社会主义市场经济体制的逐步确立，医疗体制改革的市场化趋势越来越明朗。而与此相对，政府开始逐渐减少对医疗卫生事业的投入。据学者统计，“1978 年时，卫生服务总费用的构成状况是，政府预算的卫生支出占卫生总费用的 32.2%，社会性卫生支出占卫生总费用的 47.4%，个人现金卫生支出仅占卫生总费用的 20.4%，个人卫生负担的比重相对较轻，卫生总费用占 GDP 的 3.04%，卫生事业费占国家财政支出的 1.94%”。[①] 可是，到了 2000 年，“卫生服务总费用的构成状况是，政府预算的卫生支出仅占卫生总费用的 15.5%，社会性卫生支出占卫生总费用的比重大幅度下降到最低点的 25.6%，与其相反，个人现金卫生支出却大幅度飙升到占卫生总费用的 59.0%，卫生总费用占 GDP 的比重相应提高到 5.13%，但是卫生事业费占国家财政支出的比重却继续下降到 1.71%”[②]。医疗体制市场化改革的实质是将医疗服务作为一种产品推向市场，“医疗机构通过临床医疗服务，自己挣钱养活自己，医疗机构基本按照经济企业的方式，采取科室承包经营责任制和开单提成的做法，医护人员普遍采取变相计件工资的激励机制”。[③] 随着医疗卫生事业市场化改革的深入推行，市场化的弊端也开始逐渐凸显出来。

2005 年，国务院发展研究中心发布的《对中国医疗卫生体制改革的评价与建议》明确指出：“中国城乡医疗保障体制改革的实际结果，就是将医疗服务需求逐步演变为私人消费品。其消极后果已经显现。商业化、市场化的道路不符合医疗卫生事业发展的规律和要求是一个早已被理论和各国实践充分证明了的问题。中国改革开放以来的问题是重新走了一遍已

① 刘继同：“中国医药卫生体制改革困境与‘医疗财政学’问题”，载《湖南社会科学》2008 年第 4 期，第 52 页。

② 刘继同：“中国医药卫生体制改革困境与‘医疗财政学’问题”，载《湖南社会科学》2008 年第 4 期，第 53 页。

③ 刘继同：“中国医药卫生体制改革困境与‘医疗财政学’问题”，载《湖南社会科学》2008 年第 4 期，第 53 页。

经被认定为错误的道路。”虽然这番言论引起了轩然大波，但是不可否认，我国的医疗卫生事业市场化改革的确暴露出一系列问题。而这些问题，一言以蔽之，就是“看病贵”和“看病难”。就前者而言，随着我国城市化、工业化、老龄化进程的不断加速，医疗费用不断增加，而市场化的改革路径，一方面使政府投入不断减少，另一方面医疗机构在以服务换取收入的逻辑推动下，采用供方诱导下的过度消费方式，导致多开药、开贵药、多检查、小病大治等现象屡见不鲜，进一步增加了医疗费用。而数量庞大的医疗费用最终却转嫁给公民来承担。有学者统计，1980～2003年，我国居民的医药卫生支出从23%增加到56%，[①] 许多城乡居民因病致贫、因病返贫；就后者而言，市场经济利益至上、趋利避害的特性导致医疗资源在市场经济“看不见的手”的调控下在城乡之间、区域之间的分配严重失衡。大量的优质医疗资源越来越倾向于向经济发达地区和大城市集中，而老少边穷地区的医疗资源极度匮乏，医疗服务水平持续下降。从某种意义上讲，由于医疗资源分配不均造成的看病难问题与计划经济体制下医疗服务水平低下相比，其负面效应更加突出。以至于有学者又重新开始审视和总结计划经济体制下医疗卫生体制的成功经验。这也从侧面说明，改革开放之后我国的医疗卫生事业的市场化改革，的确已经陷入了一个极其尴尬的境遇。

可见，造成看病难和看病贵的原因，一言以蔽之，就是医疗卫生事业在市场化的进程中抹杀了医疗服务的公益属性。“我国医疗卫生体制改革走过的20多年，是在财政投入逐步下降和政府监管逐步放松的条件下进行的。政策上对公立医院的逐步放权和实际操作中的财务包干促成了公立医疗机构的医疗公益性下降和盈利性经营模式的形成，结果导致公立医疗服务机构背离了公益性。政府规定医院可以从自己的收入结余中用于发放职工奖金和职工福利，结余资金也可用于医院的基本建设、设备购置等，

---

① 孔德武：“医疗卫生领域的政府职能转型”，载《行政论坛》2007年第1期，第79页。

这实际上等于承认医院可以创收，成为一个盈利性部门，一些地方干脆把公立医院私有化，医疗服务按照市场交易规则提供，谁有钱，谁看病。医院要创收、盈利就要吸引患者，要吸引患者就要进行医疗装备竞赛。”①具体来说，医疗服务公益属性的淡化表现在五个方面：“一是政府对医院的预算逐渐减少，因而政府在这个领域的管理权也减弱，医院成了一个高度自治的部门。二是医院提供服务的生产要素价格基本上由市场产生。三是医院发展能力取决于医院的政策适应能力，从制度上讲，医生的收入的多少大部分取决于其提供的服务。四是购买方和服务的分开彻底打破了医院传统的筹资方式。五是医生职业道德商业化，过去的利他服务精神已经消失。”②

通过对我国医疗卫生事业发展的历史梳理和评述，我们不难发现，新中国成立后，我国的医疗卫生事业发展实际上走向了两个极端，即绝对的“公有化”和过度的“市场化”。绝对的公有化既不符合我国现阶段的基本国情，又不利于医疗卫生事业的可持续发展，而过度的市场化则招致了医疗服务的公平性下降和卫生投入的宏观效率低下，甚至在一定程度上影响了公民对改革事业的态度。

二、基本医疗服务制度的建立

医疗卫生事业的全面市场化及其带来的“看病难”“看病贵”等一系列问题，让人们开始重新反思医疗卫生事业的性质和定位。2009 年 3 月 17 日，中共中央、国务院发布了《关于深化医药卫生体制改革的意见》，新一轮医药卫生体制改革在人们的期望中拉开序幕。该轮医药卫生体制改革的缘由，正是为了纠正医疗卫生事业市场化改革的弊端。该意见提出的改革原则，重要的一条就是“从改革方案设计、卫生制度建立到服务体

---

① 王根贤：“基于医疗服务特异性的政府定位”，载《武汉大学学报（哲学社会科学版）》2010 年第 1 期，第 106 ~ 107 页。

② 陈龙：《当代中国医疗服务公私合作研究》，云南大学 2013 年博士学位论文，第 31 页。

系建设都要遵循公益性的原则，把基本医疗卫生制度作为公共产品向全民提供，着力解决群众反映强烈的突出问题，努力实现全体人民病有所医”。这就表明，本轮医药卫生体制改革，就是要使医药卫生事业重新回归公益属性，在坚持公益属性的前提下，通过政府主导和市场调节相结合的方式，最终建立覆盖城乡居民的基本医疗卫生制度，为群众提供安全、有效、方便、价廉的医疗卫生服务。换言之，基本医疗卫生制度是此次医药卫生体制改革的亮点和特色。

所谓的基本医疗卫生制度，按照《关于深化医药卫生体制改革的意见》的要求，是包括覆盖城乡居民的公共卫生服务体系、医疗服务体系、医疗保障体系、药品供应保障体系等在内的“四位一体”的制度体系。而国务院同年制定出台的《医药卫生体制改革近期重点实施方案(2009～2011年)》则将基本医疗卫生制度具体化为五项基本工作，即加快推进基本医疗保障制度建设，初步建立国家基本药物制度，健全基层医疗卫生服务体系，促进基本公共卫生服务逐步均等化和推进公立医院改革试点。国务院之所以选择这五项工作，是因为“推进基本医疗保障制度建设，将全体城乡居民纳入基本医疗保障制度，切实减轻群众个人支付的医药费用负担。建立国家基本药物制度，完善基层医疗卫生服务体系，方便群众就医，充分发挥中医药作用，降低医疗服务和药品价格。促进基本公共卫生服务逐步均等化，使全体城乡居民都能享受基本公共卫生服务，最大限度地预防疾病。推进公立医院改革试点，提高公立医疗机构服务水平，努力解决群众‘看好病’问题。”①

三、基本医疗服务制度与简政放权的契合

通过对新中国成立以来我国医疗卫生事业发展历程的回顾，我们不难

① 《医药卫生体制改革近期重点实施方案（2009～2011）》，载《广西日报》2009年4月8日，第6版。

发现，基本医疗服务制度作为关涉基本民生的一项基本制度，它的每一次变革，都会引起社会公众的广泛关注。从改革开放之前的公有化服务，到改革开放之后的市场化服务，再到21世纪的公共性服务，基本医疗服务制度的变迁给我们留下了很多的经验教训。围绕基本医疗服务制度的学术讨论也从未终止。从行政法学的视角来看，2009年以来新医改背景下的基本医疗服务制度基本上契合了简政放权的运行轨迹，也是现代政府职能转变存在和运行的重要领域。新医改背景下的基本医疗服务制度与简政放权的契合主要表现在以下几个方面。

（一）基本医疗服务制度回归到以保障公民健康权为宗旨的基本定位，契合了现代行政给付以保障公民基本权利为目的的价值追求

关于医疗服务的性质，学术界历来存有争议。一些学者认为，医疗服务与公共卫生在性质上是不能等同的。“前者属于典型的私人产品，而后者则是纯公共产品。私人产品与公共产品最大的区别在于其‘使用上具有竞争性，在收益上具有排他性’。公共卫生服务，如瘟疫控制、传染病预防等，因为无法排除第三方受益，属于典型的公共产品，私人医疗机构不会提供，只能由政府来提供。而在医疗服务中，医生只能同时为一个患者服务，患者所享有的疾病治疗也仅仅使自己获益，具有竞争性和排他性，本质上属于私人产品”。[①] 相反，另外一部分学者则针锋相对，主张医疗服务也应当是公共产品，是公民的基本福利。“卫生政策是社会政策的重要组成部分，卫生服务基本功能是满足公民的健康需要，提高健康水平，改善生活质量，卫生服务在社会政策框架与社会服务体系中处于基础性、战略性的地位，属于福利服务的最高层次”。[②]

面对学术界的争论，官方的态度也是摇摆不定的。前文对我国医疗卫生事业发展历程的梳理已经表明，政府在不同的历史时期内，既承认过医

① 陈云良：“基本医疗服务法制化研究”，载《法律科学》2014年第2期，第74页。

② 刘继同：“卫生改革‘困境成因’的系统结构分析与宏观战略思考”，载《中国卫生经济》2005年第11期，第20页。

疗服务制度的公共产品属性，也坚持过医疗服务制度的商业化运作。那么，医疗服务制度究竟如何在性质上进行定位呢？笔者认为，我们必须综合考量医疗服务制度供需双方的因素。“医疗服务机构不同于一般企业，其产品十分特殊。从经济特征上，医疗服务具有私人产品特征，具有排他性和竞争性，但医疗市场信息不对称和负外部性较强，会危及消费者的生命健康。同时，医疗权作为一种基本人权，政府有责任和义务去维护公民享受这种权利的普遍性”。[①] 以此观之，综合考虑医疗产品的特殊性、医疗权利的基本权利属性，我们还是应当倾向于将医疗服务界定为一种公共产品。毕竟，相较于医疗机构之间的自由竞争，公民的生命健康权显然在权利位阶上更有分量。实际上，即使是坚持将医疗服务作为私人产品的学者，也不得不承认，随着社会国家理念的兴起和发展，“为了获得更多的政治合法性，近现代国家逐步通过法律规定政府必须向公民提供基本医疗服务，将基本医疗服务拟制为公共产品，不少国家甚至对公民个人全部医疗服务彻底包揽”。[②] 当基本医疗服务制度重新回归到保障公民生命健康权的宗旨上时，它和现代行政给付承载的增进公民福利的目的追求显然是一致的。

（二）基本医疗服务制度突出强调基本医疗服务的多元化供给，彰显了简政放权“有所为有所不为”的基本特征

基本医疗服务作为一种公共产品，究竟应当由谁来提供？这依然是关涉基本医疗服务质量和效率的基本问题，也是我国医疗卫生体制改革的重要内容。概括来说，我国的医疗卫生事业的发展可以被冠之以政府提供——市场提供——政府主导提供的路径。这一路径展示的正是医疗服务的给付主体的变迁。当前，我国的基本医疗服务又重新回归到政府主导提供的轨道上，这似乎与计划经济体制下的政府提供并无二致。但是，如果

---

① 王晓玲、伍凤兰：“制度的逻辑、困境与出路——新医改背景下医疗政府管制模式重构”，载《河北师范大学学报》2012 年第 5 期，第 47 页。

② 陈云良：“基本医疗服务法制化研究”，载《法律科学》2014 年第 2 期，第 74 页。

我们深入分析就会发现，计划经济体制下的政府提供从本质上说是一种直接的经济管制。这种管制将医疗资源完全置于政府的直接控制之下，从资金筹措到价格核定，再到医疗补助，全部由财政承担，这无疑让政府背上了沉重的包袱。于是，政府也只能以降低服务质量的对策来缓解财政压力。然而，2009 年启动的新医改，虽然也强调政府管制，但是却不再将政府作为医疗服务的唯一提供者，而是积极推进基本医疗服务的多元化供给。《关于深化医药卫生体制改革的意见》明确将政府主导和市场机制相结合作为新医改的基本原则。一方面，“确立政府在提供公共卫生和基本医疗服务中的主导地位”；另一方面，“注重发挥市场机制作用，动员社会力量参与，促进有序竞争机制的形成，提高医疗卫生运行效率、服务水平和质量，满足人民群众多层次、多样化的医疗卫生需求”。与计划经济体制下的政府提供模式和改革开放之后的市场化运作模式相比，新医改确立的政府主导和市场机制相结合，既放松了政府的直接经济管制，打破了公立医院垄断医疗服务的局面，符合医疗服务业的发展规律，又始终将政府主导放在首位，“避免医疗供方利用信息优势地位加剧医疗市场的利益攫取和分利活动”。[①] 这与现代行政给付的基本理念不谋而合。现代行政给付对全能政府进行了深刻的反思，认为公共行政并不仅限于国家行政，而是指一切“不以营利为目的，旨在有效地增进与公平地分配社会公共利益而进行的组织、管理与调控活动”。[②] 既然如此，那么行政任务的扩大化就并不完全意味着政府职能的无限扩张。在反思全能政府引发的“新专制主义”倾向和“政府失灵”的效果后，人们已经日渐清楚地认识到，“政府作为公共产品的提供者应该是有限的而不是全能的，公共行政

① 王晓玲、伍凤兰：“制度的逻辑、困境与出路——新医改背景下医疗政府管制模式重构”，载《河北师范大学学报》2012 年第 5 期，第 47 页。

② 转引自余凌云：《行政法讲义》，清华大学出版社 2010 年版，第 3 ~4 页。

的范围也应限于它必须发挥作用的界线之内”。[①] 而政府为了消除大包大揽的消极影响，也开始“逐渐从无所不至的广泛领域中抽身，不再试图统管人们生活的一切方面；其领导和管理社会经济工作的方式方法也开始转变，从直接管理微观经济事务转向对经济和社会宏观方面的调控”。[②]于是，在行政给付实践中出现了大量行使公共服务职能的组织乃至个人。这些组织和个人，正是我们前文界定的行政权行使主体。显然，《关于深化医药卫生体制改革的意见》提出的建构投资主体多元化、投资方式多样化的办医体制，以及推行政府主导和市场机制相结合的基本医疗服务机制，正是将作为公共产品的医疗服务分配给包括政府、组织乃至个人共同提供，这与现代行政给付对给付主体的要求是一致的。

（三）基本医疗服务方式的多样化符合简政放权创新服务提供方式的要求

2015 年 5 月，国务院印发《2015 年推进简政放权放管结合转变政府职能工作方案》，明确要求要“创新公共服务提供方式，引入市场机制，凡是企业和社会组织有积极性、适合承担的，通过委托、承包、采购等方式尽可能发挥社会力量作用；确需政府参与的，也要更多采取政府和社会力量合作方式。政府要履行好保基本的兜底责任，切实保障困难群众的基本生活，消除影响群众干事创业的后顾之忧”。现代行政法学认为，“服务是一种基于行政主体履行服务义务而进行的能动的行政活动，这就要求行政主体及其公务人员在切实履行自己的法定职责的同时，还要根据社会发展和人民的需求而不断调整自身的功能定位，以更好地扮演服务者的角色。因此，行政活动必然要表现出灵活性、能动性和扩张性，而这些特点

① 蔡乐渭：“论公共行政变迁背景下行政法发展的新趋势”，载《国家行政学院学报》2009 年第 1 期，第 51 页。

② 蔡乐渭：“论公共行政变迁背景下行政法发展的新趋势”，载《国家行政学院学报》2009 年第 1 期，第 50 页。

与服务行政方式的结合，就使得服务行政方式呈现出柔性化和多样化”。[①]因此，在服务型政府实践中，诸如特许经营、行政委托、合同外包、行政助手等新型服务方式被广泛应用于城市公交、供水、供热、供气等给付领域。而新医改在基本医疗服务的提供方式上正体现了上述新型的服务方式。例如，《关于深化医药卫生体制改革的意见》在谈及医疗服务体系的建构时指出，我国的基本医疗服务体系应当坚持非营利性医疗机构为主体、营利性医疗机构为补充，公立医疗机构为主导、非公立医疗机构共同发展的办医原则。而如何体现这一原则呢？2010 年国家发展和改革委员会、卫生部、财政部、商务部、人力资源和社会保障部发布的《关于进一步鼓励和引导社会资本举办医疗机构的意见》进行了说明。这份文件指出，在公立医疗机构和非公立医疗机构并存的情况下，政府除了应当通过设置公立医疗机构直接向公民提供医疗服务，还可以购买非公立医疗机构提供的服务。具体来说，“鼓励采取招标采购等办法，选择符合条件的非公立医疗机构承担公共卫生服务以及政府下达的医疗卫生支农、支边、对口支援等任务”。政府购买医疗服务，这显然是一种新型的医疗服务手段，其实质是“政府使用纳税人的钱，向民间购买公共服务，并结合公共服务的数量和质量等管制标准，达成政府公共服务之职能的方式”。[②]

---

① 李彬、汪自成：“‘双服务’理念：行政观念与制度”，载《行政法学研究》2004 年第 3 期，第 14 页。

② 宋国：《合作行政法治化研究》，吉林大学 2009 年博士学位论文，第 31 页。

第四章　事权划分：中央与地方关系视角下的政府职能转变

第一节　事权划分的理论前提：中央与地方关系的法治化分析

如果说简政放权理顺的是横向层面的政府与市场、社会之间的关系，那么在转变政府职能的过程中，纵向层面的中央与地方关系也是我们不得不面对的问题，尤其是在我国这样一个具有浓厚的中央集权色彩的大一统国家，如何有效地协调中央与地方之间的法律关系，对于能否实现政府职能的良性运作至关重要。单一制国家结构形式在中央和地方关系的处理方面显然是“偏爱”中央的，集中表现为中央权力向地方渗透，地方事务被中央集中。这在中央集权型的单一制国家表现得尤为突出。在中央集权型的单一制国家中，“中央在立法权分配上占据绝对的主导地位，对地方立法权的‘收’与‘放’享有高度的自主权，中央立法机关对地方立法享有监督审查权和最终的决定权”。[①] 但是，从更深层次的文化背景上来说，我国是一个崇尚“大一统”政治文化的国家，“定于一尊”的儒家思想开创了中国两千多年的大一统局面，而维系大一统局面的核心观念就是

---

① 封丽霞：《中央与地方立法关系法治化研究》，北京大学出版社2008年版，第169页。

"与中央保持一致"。事实证明，"'与中央一致'是中国文化'深层结构'中的一条不因时、地、政治立场而异的'文法'规则。在先秦时代，它已经表现在'拨乱反正''天下定于一'以及'尚同'这一类观念中，其后则更是深深地根植在中国人的意识中"。[①]"大一统"的政治文化在立法规制领域导致的必然结果就是中央与地方立法规制职能的"一体化"，即立法规制职能的"平面切割"和"平行下达"。

关于中央与地方关系的重要性，学术界早有论述。例如，上官丕亮教授在分析中央与地方关系的宪法文化背景时就指出："中国两千多年以郡县制为基础的中央集权统治实践形成了中国的传统政治文化，当然这种传统文化并不是'封建文化'，而是专制文化，是一种皇帝独裁的帝国文化。体现在中央与地方关系上，就是一种中央集权文化。"[②] 他还引用了黄宗羲对郡县制和分封制这两种影响中国中央与地方关系最重要的制度评价。黄宗羲认为："封建之弊，强弱吞并，天子之政教有所不加。""郡县之弊，疆场之害苦无已时。欲去两者之弊，使其并行不悖，则沿边之方镇乎。"著名学者孙隆基也对我国中央与地方关系有着深刻的论述。孙隆基认为："中国人是用中央'地方化'、地方'中央化'的配方来达成'天下大治'的。这种'和合'的方式虽然长期地维持了大一统的局面，然而在浑然不分的情形下，却无法为社会上的任何势力建立明文规定的权利界限。"[③]

由此可见，在中国几千年的制度变迁中，中央与地方关系的处理始终未能达到理想化的状态，这也影响了中国现代化的发展历程。因此如何科学地界定中央与地方关系，直接决定着国家的秩序稳定和社会繁荣。从行政法治的视角出发，中央与地方关系法治化，主要体现为中央与地方事权

---

① 孙隆基：《中国文化的深层结构》，广西师范大学出版社 2011 年版，第 329 页。

② 上官丕亮："中央与地方关系法治化的宪法文化思考"，载《云南大学学报法学版》2011 年第 5 期，第 17 页。

③ 孙隆基：《中国文化的深层结构》，广西师范大学出版社 2011 年版，第 335 页。

关系的法治化。

一、中央与地方关系法治化的一般理论

（一）中央集权主义

人类社会的发展，经历了原始社会、奴隶社会、封建社会、资本主义社会、社会主义社会等不同的历史形态，与此相对的，是国家现代化的发展历程。虽然东西方国家的现代化进程经历了不同的时空范围，但是实现中央集权无疑是东西方国家在现代化进程中必然的历史使命。西方早在文艺复兴时期，提倡绝对君主专制主义的马基雅维利，就认为君主为了维护统治可以使用一切权术，主张国家至上，呼吁统一意大利。而中国第一个封建大一统国家——秦朝，就企图建立一个万世一系的封建国家，并设置郡县加强中央集权。黑格尔在研究德国法制时，阐述了这样一个观点：君主专制的中央集权是国家存在的前提，同时也是国家内部地方政府享有自由的前提。他在关于国家与社会问题上的基本逻辑是，社会是一个私利的战场，是一切人反对一切人的战场，因而需要一个维护他们特殊利益和公共利益的外部秩序，这个外部秩序就是国家，国家优于和高于社会。① 亨廷顿认为："政治现代化的首要内涵就是权威的理性化，即由单一的、世俗的、全国性的政治权威取代各式各样传统的、宗教的、家族的或种族的政治权威。而且，这是一个最终的权威，具有超越其他一切义务的约束力。民族国家的主权就是在这种权威基础上形成的。这种权威是通过将区域的、贵族的和宗教的权力转移到中央或世俗国家手中，甚至是转移到政治体系内的某一个人手中实现的。具体来说，政治体系内的中央集权是现代化过程权力关系变化的第一步；第二步是进一步扩大中央集权体系的权

① ［德］黑格尔：《法哲学原理》，范阳等译，商务印书馆 1996 年版，第 309 页。转引自封丽霞：《中央与地方立法关系法治化研究》，北京大学出版社 2008 年版，第 28 页。

力，使体系更具效能和影响力；第三步才是权力的分散。”①

现代中央集权理论学说主要有：现代化理论、新权威理论②、政治同质论等。现代化理论认为，在一个国家的现代化起步时期，或是一个国家现代化进程遭遇危机的时候，实行权力的高度集中和中央集权是一种必然选择。现代化危机之所以会导致一个国家的权力的高度集权，是因为这种危机经常对一个国家的政治统治秩序、国家利益甚至是民族安危构成了直接威胁。为了消除这些威胁，统治者有必要采取集权手段，以便集中各种社会力量，垄断各种主要资源，克服危机，度过困难时期。新权威理论认为，各国在向市场经济和民主政治的发展进程中，应建立一个强有力的现代化导向政治权威，作为社会整合和秩序稳定的有力保证，主张通过大力加强中央权力和权威来提高政府能力。政治同质论认为，随着交通设施的不断改善，社会成员在政治、文化、经济、意识形态方面的认知越来越趋于同一，社会成员构成的同质性程度也越来越高。③

（二）地方分权主义

在中央与地方关系上，另一种典型的理论就是地方分权主义。“地方分权与中央集权相对，指国家权力不光集中在中央，一定程度分散在外围（如果把国家作为平面构成），或者下位（如果把国家视为立体的垂直结构），或者将原属于中央职权范围内的事务，分别让地方行使，不论事务的性质如何，按照地域划分的标准由地方行使”。④ 地方分权的主要表现形式就是地方自治。托克维尔在考察了美国的地方自治后，对美国地方自治给予了高度评价：“不必到美国去找外观上的一致性和持久性，去找对

① ［美］亨廷顿：《变革社会中的政治秩序》，李盛平、杨玉生译，华夏出版社1988年版，第137～144页。转引自封丽霞：《中央与地方立法关系法治化研究》，北京大学出版社2008年版，第195页。

② 传统权威主义可以被理解为“独裁统治”，新权威主义与权威主义的区别，可参见陈尧：《新权威主义政权的民主转型》，上海人民出版社2006年版，第26～42页。

③ 封丽霞：《中央与地方立法关系法治化研究》，北京大学出版社2005年版，第30～34页。

④ 郑贤君：《地方制度论》，首都师范大学出版社2000年版，第33页。

细节的详尽安排以及行政手续的完善规定；我们在那里看到的，是一个确实有点粗犷，但充满强大力量的机构，一幅时常发生意外，但却充满活力和进取精神的生活图景。”①

与中央集权主义类似，地方分权主义也存在诸多的学术观点，其中比较有代表性的观点有两种：“地方权力固有说”和“地方权力让与说”。

“地方权力固有说”即完全的地方分权主义，认为地方自治所依据的权利是地方固有的，而并非来自中央的让与或授予。美国联邦宪法的制定过程中“地方权力固有说”得到了充分认识和系统阐释，地方自治是地方固有的权力，国家权力首先是地方性的，而不是全国性的。联邦的中央权力本是不存在的，只是由于各州出于政治需要而各自都让渡一部分权力才得以形成全国性权力。“地方权力让与说”认为，各项地方自治权之所以存在，并非地方自然所固有，而是中央为实现其统治和管理的目的，主动让与一部分权力给地方。这种学说在具有长期中央集权的传统国家得到理论上的支持，形成有限的地方分权理论。② 例如，中国在西周实行的分封制，即为了巩固中央集权，在维护宗主制的前提下实行的地方分权制度。

二、中央与地方关系法治化的基本内容

（一）中央与地方关系法治化的实质：分权制约

当今世界国家结构形式分为两种：单一制国家和联邦制国家。无论是单一制国家，还是联邦制国家，尽管中央与地方权限划分模式不同，但在本质上都属于中央（联邦）与地方（州）权限划分，是国家权力纵向分配的结果。

分权原则是现代宪法的基本原则，但是我们对分权原则的关注，长期以来一直是围绕立法、行政和司法权的划分展开的。“洛克将政府的权力

① ［法］托克维尔：《论美国的民主（上卷）》，董果良译，商务印书馆1997年版，第102页。
② 封丽霞：《中央与地方立法关系法治化研究》，北京大学出版社2005年版，第40～41页。

按照职能分为三种：立法权、执行权和对外权。在洛克这里，司法权实际上包含在执行权当中，并没有做单独的区分。其中，执行权指对社会内部所有成员执行国内法，而对外权则指处理公共安全和利益的问题，虽然两者存在区别，但是洛克认为这两种权力往往结合在一起，很难分开由不同的人掌握。孟德斯鸠接受了这三种提法，但是做了进一步的解释，将后两种权力分别对应于关于不同法律的执行权，第二种权力是依据国内法规定行使的执行权，即司法权，而第三种权力则是依据国际法行使的执行权。”① 可见，不论是洛克，还是孟德斯鸠，建立分权学说的初衷，就是实现权力之间的横向划分。

实际上，除了国家权力之间的横向分配，从某种意义上说，国家权力之间的纵向分配对国家权力运行甚至对一个国家的发展，影响更加深远。“因为国家权力的纵向分配是横向分配的前提，只有明确了中央与地方之间的权力关系，才能有意义地去探讨中央或地方内部的权力配置。因此，中央与地方权力的划分是现代宪法法律关系的基本内容之一，实现中央与地方之间权力关系的法治化是现代宪政的基本要求之一。正确处理中央与地方权力关系，通过法律机制保障中央与地方的权力关系从而实现中央与地方关系法治化，关系国家统一、政治稳定和经济发展，是现代宪政国家孜孜追求的目标之一。”②

中央与地方关系在我国是一个非常重大的政治问题。陈之迈先生指出：“自从秦代统一中国以来，我们一向的理想是中央集权的政制。”但是，“地方的官吏不一定是绝对服从中央的，不服从中央有时是很方便的，并且是很有利益的”。所以，中国的政治地图，从一开始就充斥着中央集权和地方分权之间的争斗。“二千多年来，中央政府总是高悬集权为

---

① 葛云娜：“自由与分权制衡——从洛克到孟德斯鸠”，载《云南行政学院学报》2013 年第 3 期，第 21 页。

② 熊文钊、郑爱林：“中央与地方权力关系的法治化”，载《‘中央与地方关系的法治化’国际学术研讨会论文集》，第 52 页。

理想，制为层层监视的官员或机关，希望监视者与被监视者彼此牵制，中央从中贯彻其势力。同时，二千多年来，地方政府的官吏纵然在拜命之初是最忠君爱国的，一到了地方，便感觉到中央统治的掣肘，而发生一种反集权的心理。”[①] 当然，我国两千多年来对中央与地方关系的研究，更多的是服务于维护国家统一的政治目的，并没有涉及中央与地方关系法治化的问题。实际上，“权力制约是中央与地方分权的首要目的。从西方法治国家中央与地方分权的发展历史来看，纵向分权不仅是中央权力与地方权力在地域意义上的分工，更为重要的是通过中央与地方的分权来防止国家权力特别是中央权力的滥用，因而，权力制约就成为中央与地方分权的首要目的。”[②]

（二）单一制国家中央与地方关系法治化的基本内容

单一制国家中央与地方关系法治化的逻辑前提是：“在单一制形式下，中央政府集中了所有的权力与权威，并在全国范围内贯彻其意志；地方政府的权力或自治权来源自中央政府或者受制于中央政府。”这是一种典型的自上而下的权力分配和运行逻辑。具体来说，在单一制国家中，“只有中央政权才是唯一的原生性政治权力，即全国范围内的人民只对统一主权国家权力作出了直接授权，而次国家单位的权力，无论是行政区域还是自治区域，其权力都是中央根据统一宪法自上而下的授权产生的，是法律性的权力，其组织权力是根据中央统一的意志安排组建而成的。也就是说，这些次国家单位不被认为存在政治上的先定性，因此其产生和存在也都缺乏联邦组成单位在宪法和法律上的独立性，它们的存在方式，即权力的性质、范围和组织方式都是根据单一制国家中央政权的单方意志判断形成的。这样的单一制国家必然将统一主权国家视为一个完成高度整合的

① 转引自萧公权：“均权与均势”，见《萧公权文集（卷八）》，中国人民大学出版社2014年版，第1页。

② 崔浩、孙祥生：“权力制约：中央与地方关系法治化的核心”，载《河南省政法管理干部学院学报》2009年第3期，第37页。

共同体，它所存在的社会基础即使不被认为是完全整合为一个社会共同体，也会被认为是由若干具备高度同一性的社会共同体所构成。”① 由此可知，单一制国家中央与地方关系法治化的基本内容是：中央是国家主权的唯一代表，地方权力来自中央的授予。

第一，在单一制国家，中央与地方关系法治化奉行中央权力保留原则。由于中央是地方主权的唯一代表，这就意味着，“一个主权国家之内，人民将国家权力完全委托给中央政府，中央政府拥有最高和全部国家权力；地方政府国家权力的范围和大小，由中央政府授予和规定”。② 国家的一切权力原则上都属于中央，地方政府只有在获得中央授权的前提下，才能行使权力。“在单一制形式下，中央政府集中了所有的权力与权威，并在全国范围内贯彻其意志；地方政府的权力或自治权来源自中央政府或者受制于中央政府。”

第二，在单一制国家，中央与地方关系法治化奉行地方权力立法授予的原则。单一制国家的中央权力保留原则容易产生中央集权的结果，也极易导致中央对地方的过度控制引发地方政府的反集权心理。从而导致国家陷入权力收放的恶性争斗中。有鉴于此，现代单一制国家中央与地方关系法治化的核心内容就是要在遵循中央权力保留的前提下，实现中央权力与地方权力的良性划分。这种良性划分的主要方式就是通过立法授予划定中央与地方的权力范围。

（三）联邦制国家中央与地方关系法治化的基本内容

相对于单一制国家，联邦制国家在中央与地方关系方面的定位显然遵循的是另一种路径。“联邦制国家主权权力是中央政府和地方政府分享的。联邦成为一个国家的过程，是在各成员单位自身所拥有权力的前提和

---

① 张颖：“单一制国家权力配置规范化的路径选择”，载《江苏行政学院学报》2012 年第 2 期，第 127 页。

② 艾晓金：“中央与地方关系的再思考”，载《浙江社会科学》2001 年第 1 期，第 76 页。

基础上重新分配和权力重组的过程。由于国家形成前，各成员单位本身拥有固有权力，联邦的权力来源于各成员单位让出的一部分权力，这部分权力的总和是联邦政府得行使的权力，一般以宪法列举的方式确定联邦政府的权力和禁止州行使哪些权力。各成员单位尚未交出或保留的权力是个成员单位得行使的权力。”①

张千帆教授认为，“联邦制至少有两种形式：整合或集权型以及放权或分权型。分权型联邦制以美国为代表，强调各州或省的自主权，并通过司法审查等手段积极控制联邦权力；集权型联邦则类似于单一制的中央和地方关系，中央权力宽泛并在国家立法过程中发挥作用”。② 不管联邦国家存在几种类型，总体而言，现代联邦国家都存在以下特点。

第一，地方自治是联邦制国家的权力基础。美国联邦最高法院大法官奥康娜指出：“联邦主义的联合主权结构为人民保留了众多优越性。它保证了一个权力下放的政府，使之对一个多元社会的不同需求更为敏感；它为公民参与民主过程提供了机会，并允许对政府进行更多的创新和试验；它通过各州为了流动的公民而相互竞争，使政府更负责任。联邦体制的主要好处或许在于制约政府权力的滥用。……就和联邦政府不同分支的分权和独立之作用是防止权力过度集中在任何一个分支一样，一种健康的各州和联邦政府的权力平衡将同时降低两者滥权和暴政的风险。”③

第二，联邦权力呈现日趋强化的发展趋势。联邦制国家虽然特别重视公权力的自主性，强调中央权力源于地方权力的授予，但是这并不违背现代民族国家对奉行中央权力强大的发展逻辑。实际上，近年来，联邦制国家对中央权力的强化趋势日益明显。“以美国为例，尽管美国宪法对联邦

---

① 郑贤君：“联邦制和单一制下国家整体和部分之间关系之理论比较”，载《法学家》1998年第4期，第3页。

② 张千帆：《国家主权与地方自治——中央与地方关系的法治化》，中国民主法制出版社2012年版，第35页。

③ 张千帆：《国家主权与地方自治——中央与地方关系的法治化》，中国民主法制出版社2012年版，第55页。

和州的立法权限做了比较明确的规定，但是自从20世纪20年代以来，也出现了联邦权力扩张的现象，联邦频频使用州的立法‘优先权’，使得州的立法自主权逐渐受到限制。据统计，在1969～1989年这个仅占美国历史的十分之一的阶段中，美国国会使用了190次优先立法权，占200年中所使用的354个优先立法例的54%。”①

三、中央与地方关系法治化的价值

（一）实现国家法制的统一

实现中央与地方关系法治化，其首要的政治目的就在于维护国家法制的统一。有学者将这一目的划分为三个层次：“第一层含义是，维护宪法权威。宪法是国家的根本大法，具有最高的法律效力。一切违宪的规范性文件，都是无效的。第二层含义是，维护人大及其常委会的权威。人大是国家权力机关，行政机关、审判机关、检察机关都不能制定与权力机关的决定不相一致的规范性文件。第三层含义是，维护上位法规范的权威。我国法律体系内的规范性文件是有效力等级的，下位规范应当与上位规范保持一致，不得抵触。”② 这三个层次自始至终体现着下位法服从上位法、下级立法主体服从上级立法主体、地方立法主体服从中央立法主体、其他国家机关服从权力机关立法的运行轨迹。所以，《宪法》第5条第2款的规定：“国家维护社会主义法制的统一”，其政治宣示性远大于人权保障性。“法制统一是中国特色社会主义法治的基本原则。众所周知，我国实行的是单一制国家形式，法制是否统一，直接关系到国家能否统一，中央权威能否保障，民族能否团结，各领域各方面能否协调发展。”③ 维护法制统一折射出的是法的秩序价值，法律之所以要维护秩序，乃是因为

① 孙波：“论单一制国家结构形式与立法分权”，载《河北法学》2011年第8期，第59页。
② 陈运生：《地方人大常委会的规范审查制度研究》，中国政法大学出版社2013年版，第27页。
③ 江必新：“试论社会主义法治的几个新命题”，载《中国法学》2010年第4期，第74页。

“秩序是人们社会生活中相互作用的正常结构、过程或变化模式。它是作为主体的人互动的状态和结果。……没有秩序就只有混乱，就只有混战和弱肉强食的虐杀，法就根本不能存在”。[1]

（二）实现和维护地方自主权

虽然我国是单一制的国家结构形式，但是这并不意味着地方自主权的丧失。任何奉行单一制国家结构形式的国家，都从来没有否认过地方的自主权。从我国的历史发展进程中不难看出，不论是分封制还是郡县制，乃至新中国成立后设立的民族自治区域和特别行政区，无不都体现了对地方自主权的承认和保护。至于为了发展经济而设置的深圳、珠海、厦门等经济特区，以及近年来兴起的天津滨海新区、上海自由贸易区等具有特殊经济地位的区域，都可以在不违背法律规定的前提下，在法律允许的范围内行使程度各异的经济自主权。这无不说明，良好的中央与地方关系划分，是可以兼顾中央和地方权益的。

（三）实现公民权利的保障

中央与地方关系的法治化，固然是为了规范公权力的行使，但是归根结底也是为了实现对公民权利的保障。公民基本权利虽然有宪法的明确规定，并借助法律保留原则得以在立法层面加以确认，但是在行使的过程中，难免会因为地区差异而出现问题。例如，我们以受教育权为例进行说明。公民平等地享有受教育权，这是宪法明确规定的公民基本权利，但是却因为中央和地方之间在教育资源分配方面的博弈而变得非常微妙。例如，北京大学2001～2007年在北京的招生指标率平均为16.49%，而同一时期，北京大学在河南、山东、湖南等考生大省的招生指标率分别只有4.5%、4.53%、3.76%。[2] 北京大学已经成为名副其实的“北京人的大

① 卓泽渊：《法的价值论（第二版）》，法律出版社2006年版，第394页。

② 以上数据转引自张千帆：《权利平等与地方差异》，中国民主法制出版社2011年版，第197～198页。

学”。与北京大学一样，许多高校一方面宣称自己是全国性重点大学，另一方面在招生指标上却并没有体现出“全国性的特色”，而是为非本地区考生设置过高的招考门槛。这种对考生按照地域实施区别对待的制度究竟是否合理呢？或许南京大学招生部门的解释能够给我们一个答案：“南京大学是教育部与江苏省省部共建的高校，江苏省给我们的支持很大，由此产生的压力也很大。我们当然愿意在其他生源质量好的省份增加招生名额，但江苏省与我校的共建协议中，有一条就明确要求增加对本地的招生。”① 可见，高校与地方政府之间的利益交换才是对考生按地域实施区别对待的症结所在。非本地区考生的受教育权就是在这种利益交换中被“抵消”了。而中央与地方关系的划分，就是要通过明确中央与地方之间的权限，实现对公民权利的保障，避免公民权利在中央与地方的博弈中被牺牲。

第二节　中央与地方事权划分的法治背景

党的十八届四中全会通过的《中共中央关于全面推进依法治国若干重大问题的决定》（以下简称《推进依法治国的决定》）提出，“建设中国特色社会主义法治体系，必须坚持立法先行，发挥立法的引领和推动作用，抓住提高立法质量这个关键”。这既是对立法在社会主义法治建设中的基本定位，也将立法工作的重心放在提高立法质量上。为了实现这一目标，《推进依法治国的决定》就加强和改进立法工作提出了一系列具体要求。例如，在党的领导和立法工作的关系方面，《推进依法治国的决定》

① 彭洁云、周凯：“部属高校本地招生比例降到30%以内还需若干年”，载《中国青年报》2008年7月31日。转引自赵娟、李良：《大学招生本地化的宪法学分析：以南京大学为例》，见张千帆、曲相霏主编：《大学招生与宪法平等：国际经验与中国问题》，凤凰出版传媒集团、译林出版社2011年版，第318页。

要求“加强党对立法工作的领导，完善党对立法工作中重大问题决策的程序”。在完善立法体制机制方面，《推进依法治国的决定》要求“坚持立改废释并举，增强法律法规的及时性、系统性、针对性、有效性”。在规范立法权力行使方面，《推进依法治国的决定》要求“明确立法权力边界，从体制机制和工作程序上有效防止部门利益和地方保护主义法律化”。《推进依法治国的决定》的出台，为新时期我国立法工作的发展指明了方向。在此背景下，2015 年 3 月 15 日，十二届全国人民代表大会第三次会议表决通过了《全国人民代表大会关于修改〈中华人民共和国立法法〉的决定》。《立法法》的修改，是深入贯彻落实十八届四中全会精神，体现党中央对立法工作的领导权，完善以宪法为核心的中国特色社会主义法律体系的重要战略举措。此次《立法法》的修改内容丰富、亮点频频，在立法制度创新方面有不少举措。其中，赋予设区的市地方立法权被认为是立法权力分配方面最重要的制度改革，许多学者将之称为“地方立法扩容”，认为此举旨在扩大地方立法权，完善地方立法制度。修改后的《立法法》为地方立法工作提出了新的要求和部署，需要我们结合《推进依法治国的决定》的要求，全面深刻领会，认真贯彻执行。

一、地方立法权扩大的必要性

修改后的《立法法》第 72 条、第 73 条、第 78 条、第 82 条、第 89 条、第 98 条等条款都留下了地方立法权修改的痕迹。这些条款对地方立法权的修改，用一句话概括，就是将地方立法权的主体从“较大的市”扩展到“设区的市”。那么，此次《立法法》的修改，为什么要扩大地方立法权的主体范围？

首先，地方立法权的扩大，是推进地方法治建设的重要举措。地方法治建设是我国社会主义法治建设的重要组成部分。《推进依法治国的决定》进一步明确了地方法治建设在全面推进依法治国进程中的地位和作用。《推进依法治国的决定》不仅将“推进基层治理法治化”作为加强和改进党对全面推进依法治国的领导的重要任务，而且还将“推进各级政府事权规范化、法律化”作为深入推进依法行政，加快建设法治政府的重要内容。而这一切都必须在地方立法权扩大的前提下才能够更好地实现。一方面，通过扩大地方立法权的主体范围，可以为基层治理法治化提供更加充分的法律依据。基层治理法治化，首先要解决基层治理依据的法治化。地方立法的重要功能就在于落实法律、行政法规在本行政区域内的贯彻执行，这无疑为集成治理法治化提供了最坚实的法律保障；另一方面，在中央和地方事权制度划分日益成熟的背景下，城市管理过程中的城市规划、城市建设、市容管理、生态环境保护、社会保障、社会治安等地方性事务，不仅需要一般的、抽象的立法原则，更离不开大量的具体判断和地方性知识。地方立法权的扩大，从源头上解决了城市管理权的合法性依据，对于进一步推进城市事权法治化运作起到了重要的规范作用。

其次，地方立法权的扩大，是加强社会主义民主政治建设的必然选择。党的十八届三中全会将加强社会主义民主政治制度建设作为全面深化改革的重大战略。发展社会主义民主政治，必须“更加注重健全民主制度、丰富民主形式，从各层次各领域扩大公民有序政治参与，充分发挥我国社会主义政治制度优越性”。地方立法显然为社会主义民主政治制度建设提供了最佳的制度平台。《推进依法治国的决定》在阐述“深入推进科学立法、民主立法”时指出：“拓宽公民有序参与立法途径，健全法律法规规章草案公开征求意见和公众意见采纳情况反馈机制，广泛凝聚社会共识。”与中央立法权相比，地方立法权显然更易于落实《推进依法治国的决定》对民主立法的要求。因为地方立法与公民生活的紧密度更高，所以“地方共同体法律秩序的部分规范由该领域的多数加以创造无疑会缩小法律秩序的内容和从属于该秩序的群体（个人）意志的可能矛盾，更接近民主的要求和理想”。

最后，地方立法权的扩大，是尊重和回应地区差异的客观结果。坚持从中国实际出发是《推进依法治国的决定》为我国全面推进依法治国总目标确定的基本原则之一。我国是一个幅员辽阔、民族众多的发展中国家，发展不平衡是我国的现实国情。这种不平衡，不仅体现在省份之间，也体现在城市之间。不同城市之间，在城镇化发展水平、市场机制、政府职能、产业布局、发展目标、城市定位等方面都存在着巨大的差异。这种差异的背后展现出来的是城市利益需求的多样化。多样化的城市利益显然不宜采取“一刀切”的做法，由中央立法统一进行规定，而是要按照《宪法》第 3 条确立的“遵循在中央统一领导下，充分发挥地方的主动性、积极性”的原则，充分发挥地方立法在处理地方性事务方面的优势。

二、地方立法权扩大的解读

修改后的《立法法》对地方立法权的扩大，是贯彻执行《推进依法治国的决定》提出的“依法赋予设区的市地方立法权”的直接表现。但是，我们必须冷静地看待《立法法》修改对地方立法权的扩大，尤其不能过分放大地方立法权扩大的效应。相反，如果我们深入解读《推进依法治国的决定》，并结合《立法法》修改的整体框架进行分析，就会发现，所谓地方立法权的扩大，背后折射出的立法原意是对地方立法权的限制和规范。

首先，作为此次修改地方立法权的指导思想，《推进依法治国的决定》中的很多表述都凸显出对地方立法权的规范和约束。例如，《推进依法治国的决定》在谈到健全宪法实施和监督制度时指出：“禁止地方制发带有立法性质的文件。”这是对地方立法主体的限制；在谈到完善立法体制时指出：“明确立法权力边界，从体制机制和工作程序上有效防止部门利益和地方保护主义法律化。”这是对地方立法内容和权限的限制；在谈到深入推进科学立法、民主立法时指出：“完善立法项目征集和论证制度。健全立法机关主导、社会各方有序参与立法的途径和方式。”这是对地方立法程序的限制。而习近平总书记在对《推进依法治国的决定》进行说明时更是明确表示，完善立法体制的重要原因就在于“立法工作中部门化倾向、争权诿责现象较为突出，有的立法实际上成了一种利益博弈，不是久拖不决，就是制定的法律法规不大管用，一些地方利用法规实行地方保护主义，对全国形成统一开放、竞争有序的市场秩序造成障碍，损害国家法治统一。”习近平总书记对《推进依法治国的决定》的说明为地方立法权修改提出了明确的要求，即我们赋予设区的市地方立法权，就是为了明确地方立法权的权限和范围。所谓的地方立法权扩容，实际上是对地方立法主体的另一种限制。

其次，此次《立法法》修改，只是在立法主体上扩大了地方立法权，但是却在立法范围、立法内容、立法监督等方面都进行了明确的限制。在立法范围方面，修改前的《立法法》只是使用了诸如“地方性事务”“本行政区域的具体行政管理事项”这样抽象的立法语言，而修改后的《立法法》第 72 条第 2 款和第 82 条第 3 款则明确将地方立法权的范围严格限制。在“城乡建设与管理、环境保护、历史文化保护等方面的事项”。这就意味着，在《立法法》修改之后，除非法律另有规定，所有设区的市的地方立法权都必须适用第 72 条第 2 款和第 82 条第 3 款的限制。在立法内容方面，修改前的《立法法》只是笼统的规定了“不抵触”原则，即下位法不得违反上位法的规定，否则立法内容即属无效。但是修改后的《立法法》除了继续肯定“不抵触”原则之外，还进一步细化了立法内容。例如，修改后的《立法法》第 73 条第 4 款规定：“制定地方性法规，对上位法已经明确规定的内容，一般不作重复性规定。”这是出于节约立法资源，提高立法质量和立法效率的考量，为地方立法权确立了禁止重复性立法的原则。再比如修改后的《立法法》第 82 条第 6 款规定：“没有法律、行政法规、地方性法规的依据，地方政府规章不得设定减损公民、法人和其他组织权利或者增加其义务的规范。”这是出于保护公民权利的考量，为地方立法权设定的保留事项。在立法监督方面，修改后的《立法法》加强了对地方立法的监督力度：一是修改前的《立法法》第 89 条只是规定了地方立法应当报送有权机关备案，但是却并没有对备案机关的审查权作出明确的规定。这导致“备案”和“审查”之间的关系一直模糊不清。本着加强立法监督的目的，《推进依法治国的决定》明确指出：“加强备案审查制度和能力建设，把所有规范性文件纳入备案审查范围。”《立法法》修改紧扣《推进依法治国的决定》的要求，在第99条第3款中规定：“有关的专门委员会和常务委员会工作机构可以对报送备案的规范性文件进行主动审查。”这实际上已经明确规定了立法的备案审查权，加强了中央对地方立法的监督权；二是修改前的《立法法》第90条第2款只是规定了立法提请审查请求权，却缺乏对提请审查处理机制的规定，这很容易使立法提请审查制度流于形式。而修改后的《立法法》第101条则较好地解决了这一问题。《立法法》第101条规定：“全国人民代表大会有关的专门委员会和常务委员会工作机构应当按照规定要求，将审查、研究情况向提出审查建议的国家机关、社会团体、企业事业组织以及公民反馈，并可以向社会公开。”这一条实际上建立了立法提请审查反馈机制。通过向提出审查建议的国家机关、社会团体、企业事业组织以及公民的反馈，无疑可以加强社会公众对立法的监督力度，推进地方立法科学化、民主化。

最后，作为调整立法活动的基本法律，《立法法》的初衷就是约束和规范立法权的行使。且不说此次《立法法》修改对地方立法权进行了诸多约束和规范，即使我们暂且不去谈论这些修改内容，仅仅回归《立法法》的目的，我们就不难发现，《立法法》作为调整和规范立法活动的基本法律，它的目的就是对立法权进行控制。在《立法法》修改之前，设区的市事实上的变相立法活动实际上从未停止。每年，设区的市都会制定大量的被冠以“红头文件”之名的规范性文件，对城市进行管理和建设，其中的很多规定都与公民的利益息息相关。这些规范性文件不仅填补了立法空白，而且还成为大量的行政执法行为的依据。可是随之而来的问题是，这些规范性文件虽无立法之名，却行立法之实，动辄对公民的权利义务等专属于立法的事项进行规定，并在本地区得以贯彻执行，这实际上是对立法权的侵犯和破坏。为了解决这一矛盾，修改后的《立法法》将地方立法权从国务院批准的较大的市扩展到设区的市，以立法的形式明确了地方立法权的权力主体。修改后的《立法法》，一方面将设区的市事实上已经在行使的立法权合法化，有利于对其进行规范和约束；另一方面也是为了避免非立法主体随意行使立法权带来的消极后果。因此，所谓《立法法》修改对地方立法主体的扩大，实际上是对地方立法主体的限制。

第三节　中央与地方事权划分的实质：政府职能如何实现内部转变

一、我国事权划分改革的现状

随着行政权渗透到社会生活的方方面面，行政疆域极速扩张。在行政权力不断扩张的背景下，要实现对行政权力的控制，必然要借助政府职能改革。这一改革包括横向改革和纵向改革。横向改革主要涉及对政府机构的重组和对人员编制的确定。改革开放后，我国先后进行了七次大的机构改革，前四次改革，虽然国家的行政体制和政府职能并没有发生重大转变，但国务院组成机构的数量和人员编制大幅下降。2001 年开始的行政审批制度改革开启了简政放权的新动态。2003 年以后的历次改革，改革中心都由调整机构和人员数量转向科学配置政府职能。总结经验可以看出，中国行政体制改革是一个由表及里，由浅入深，由易到难，相互衔接的渐进过程。① 纵向改革就是合理划分中央和地方的权限，即划分中央与地方之间的事权、财权、治权。但是总体而言，政府职能转变在行政体制

① 潘小娟、吕芳："改革开放以来中国行政体制改革发展趋势研究"，载《国家行政学院学报》2011 年第 5 期，第 17 页。

改革和政府机构调整中的地位和作用越来越重要。

在政府职能转变的过程中，中央和地方事权的科学合理划分是其核心议题之一。2015年《立法法》修改后，目前我国已基本形成中央和地方立法权划分的法律框架，即以宪法的概括规定为原则，主要依据《立法法》进行中央和地方的立法分权。《立法法》主要是以列举的方式规定了中央和地方的立法权限的划分及其监督体系，基本上适应了我国目前经济社会发展的现实需求，也契合了我国单一制国家结构形式的要求。但是，中央与地方关系的调整不仅局限于立法关系的调整，在初步明确中央和地方立法权限的前提下，如何科学配置中央与地方的事权范围，这才是中央与地方关系法治化的重点。这不仅是因为中央与地方立法权的划分需要借助具体的事权运行来体现，更是因为中央与地方事权划分是一个动态的关系，需要在探索中不断发展。

党的十八大以来，我国开始在全国范围内推进中央与地方事权划分改革。十八届三中全会通过的《中共中央关于全面深化改革若干重大问题的决定》指出："建立事权和支出责任相适应的制度。适度加强中央事权和支出责任，国防、外交、国家安全、关系全国统一市场规则和管理等作为中央事权；部分社会保障、跨区域重大项目建设维护等作为中央和地方共同事权，逐步理顺事权关系；区域性公共服务作为地方事权。中央和地方按照事权划分相应承担和分担支出责任。中央可通过安排转移支付将部分事权支出责任委托地方承担。对于跨区域且对其他地区影响较大的公共服务，中央通过转移支付承担一部分地方事权支出责任。"李克强总理在《求是》撰文指出："长期以来，中央与地方之间、地方各级政府之间，事权和支出责任划分不清晰、不合理、不规范，总体看，中央政府部门管了不少不该管、管不好的事。去年我们启动了黑龙江'两大平原'现代农业综合配套改革试验，一个重要内容就是将中央政府在'三农'方面的审批权下放，各项涉农资金全部直接下拨到省，由地方统筹使用。这项改革取得经验后，不仅要在全国推广，其他方面也要借鉴其做法，把一些不适合中央部门管理的事权与财权下放。当然，中央该加强的事权和支出责任也要加强。要通过改革，健全事权和支出责任相适应的制度，保持现有中央和地方财力格局总体稳定，逐步理顺中央与地方收入划分，使中央与地方各安其位、各负其责、上下协同，促进政府治理整体效能的最大化。”[①] 2016年，国务院发布《关于推进中央与地方财政事权和支出责任划分改革的指导意见》，专门就中央与地方的财政事权划分进行了细致的规定。该指导意见强调：“结合我国现有中央与地方政府职能配置和机构设置，更多、更好发挥地方政府尤其是县级政府组织能力强、贴近基层、获取信息便利的优势，将所需信息量大、信息复杂且获取困难的基本公共服务优先作为地方的财政事权，提高行政效率，降低行政成本。信息比较容易获取和甄别的全国性基本公共服务宜作为中央的财政事权。在中央统一领导下，适宜由中央承担的财政事权执行权要上划，加强中央的财政事权执行能力；适宜由地方承担的财政事权决策权要下放，减少中央部门代地方决策事项，保证地方有效管理区域内事务。要明确共同财政事权中央与地方各自承担的职责，将财政事权履行涉及的战略规划、政策决定、执行实施、监督评价等各环节在中央与地方间作出合理安排，做到财政事权履行权责明确和全过程覆盖。”可见，此次我国进行的事权划分改革，遵循的基本原则是在遵循中央统一的前提下，适度扩大地方的事权范围。

与中央的改革政策相对，地方政府的事权划分改革似乎进行得更早。2007年，南宁市政府就出台了《关于进一步明确市和县、区（开发区）事权划分理顺部门职能关系的通知》，该通知要求：“重心下移，属地管理，集中与必要分权相结合的原则。合理划分市与县、区（主要是市与城区）两级政府以及市与开发区管委会的经济和社会事务的管理权限，对于法律、法规规定由县级以上政府部门审批，实际操作过程中主要由

---

① 李克强：“关于深化经济体制改革的若干问题”，http：//www. qstheory. cn/zxdk/2014/201409/201404/t20140428_ 344319. htm，访问日期：2016年10月3日。

县、区（开发区）实施的项目，一律下放给县、区（开发区）审批。”在具体操作过程中，要求“进一步调整和理顺与县、区、开发区（尤其是与城区）在经济建设、城市建设与管理、社会管理、人事劳动管理等方面的管理权限，充分发挥县、区政权和开发区管委会的作用。”十八大以来，地方政府的事权划分改革开始蓬勃发展。2015 年，广州市人民政府发布《广州市全面深化财政体制改革总体方案的通知》，提出“近期目标（到 2016 年）：建立各级政府和部门权责清单制度，合理界定和划分市、区（县级市）两级政府的事权和支出责任，明确部分共担事权（重大民生项目）市、区（县级市）两级政府分担资金的比例和标准，初步形成市、区（县级市）政府间及其部门的事权和支出责任划分的基本框架。完善财政转移支付制度，加大一般性转移支付，减少专项转移支付项目，到 2015 年市级一般性转移支付占财政转移支付的比重提高到 60% 以上，基本构建符合财力和支出责任相匹配的转移支付体系。远期目标（到 2018 年）：通过实施清单式管理和动态调整机制，实现市、区（县级市）两级政府全部事权和支出责任的清晰划分和科学配置，形成较为健全完善的事权和支出责任相适应制度及与之相配套的财政体制机制。”2016 年，山东省日照市人民政府在《关于进一步明确市、县（区）事权划分的意见》中要求：“根据‘简政放权、重心下移’的要求，坚持以属地管理为主，级别管理为辅，在各区县行政区域内，凡法律、法规及规章规定可以由县级以上文化行政部门实施的事权的监督、检查、行政许可等，原则上由各区县文化行政部门（如无特殊说明，含开发区、山海天、海洋城）负责实施，市文化行政主管部门主要承担对县（区）级文化行政主管部门的业务工作指导、监督检查、考核等有关职能。对法律、法规及规章明确规定由设区的市文化行政主管部门直接实施的事权，由市文化行政主管部门负责实施。市文化行政主管部门认为在全市范围内有必要直接依法实施的事权，由市文化行政主管部门负责实施。”

更多的地方政府都在事权改革中划定了明确的事权范围。例如，黄山市人民政府发布的《关于中心城区食品药品监管事权划分有关事项的通知》对中心城区市、区两级食品药品监管机构的食品药品监督管理事权进行了非常细致的划分："（一）市食品药品监督管理局的监管职权：1. 承担市食品安全委员会办公室具体工作，承担全市食品安全综合协调职责。2. 负责食品生产环节食品安全许可，监督食品流通环节和消费环节行政许可的实施。3. 监督实施食品生产、流通、消费环节的管理规范，开展食品安全状况调查和监测工作。4. 建立食品安全隐患排查治理机制，制订全市食品安全检查年度计划、重大整顿治理方案并组织落实。5. 负责药品零售经营行政许可和药品零售经营质量管理规范（GSP）认证。6. 负责第三类医疗器械经营许可。7. 负责核发麻醉药品、精神药品邮寄证明和运输证明。8. 负责保健食品广告审批。9. 监督实施国家药品、医疗器械标准。10. 组织制定食品、药品、医疗器械、化妆品监督管理的稽查制度，查处重大违法行为。11. 组织开展药品不良反应和医疗器械不良事件的报告和监测工作。12. 承担药学技术人员任职资格初审和继续教育有关工作。受安徽省食品药品监督管理局委托，实施执业药师注册审批。13. 负责全市食品药品安全事故应急体系建设，组织和指导食品药品安全事故应急处置和调查处理工作，监督事故查处落实情况。14. 承担市中心城区特大型餐饮服务企业、高校食堂、中央厨房的餐饮服务行政许可和食品安全日常监管工作。承担市本级管辖企业承接的重大活动餐饮服务食品安全保障任务，指导区县开展重大活动餐饮服务食品安全保障工作。15. 承担黄山市天目药业有限公司、上海市医药股份有限公司黄山华氏有限公司和黄山市人民医院的药品、医疗器械的日常监督管理工作。16. 责令召回不符合标准，具有安全隐患的食品、药品、医疗器械。17. 受安徽省食品药品监督管理局委托，实施化妆品生产卫生许可。（二）各区县食品药品监管部门职权：1. 负责辖区内食品安全委员会办公室具体工作，承担食品安全综合协调职责。2. 负责辖区内食品流通消费环节行政许可工作，承担食品生产、流通、消费环节的日常监管职责。屯溪区食品药品监管部门负责中心城区除市食品药品监督管理局直接管辖之外的餐饮服务企业行政许可和日常监管。3. 负责辖区内食品生产委托加工备案。4. 负责辖区内酒类流通备案登记。5. 负责辖区内药品、医疗器械、化妆品的生产、经营、使用环节的日常监管职责。屯溪区食品药品监管部门负责中心城区除市食品药品监督管理局直接管辖之外的药品生产、经营、使用企业（单位）的日常监管。6. 负责辖区内科研和教学所需医疗用毒性药品购用审批及医疗用毒性药品收购、经营（批发）企业审批。7. 负责辖区内药品生产企业关键生产条件变更、质量或生产负责人变更、委托检验、停产备案。8. 负责辖区内第一类器械备案、第一类医疗器械生产备案和第二类医疗器械经营备案。（三）黄山风景区食品药品监管部门职权：1. 负责黄山风景区管委会食品安全委员会办公室具体工作，承担食品安全综合协调职责。2. 负责黄山风景区和汤口区域内的食品流通、消费环节行政许可工作，承担食品生产、流通、消费环节的日常监管职责。3. 负责黄山风景区和汤口区域内的食品生产委托加工备案。4. 负责黄山风景区和汤口区域内的酒类流通备案登记。5. 负责黄山风景区和汤口区域内的药品、医疗器械、化妆品生产、经营、使用环节的日常监管职责。6. 负责黄山风景区和汤口区域内的科研和教学所需医疗用毒性药品购用审批及医疗用毒性药品收购、经营（批发）企业审批。7. 负责黄山风景区和汤口区域内的药品生产企业关键生产条件变更、质量或生产负责人变更、委托检验、停产备案。8. 负责黄山风景区和汤口区域内的第一类器械备案、第一类医疗器械生产备案和第二类医疗器械经营备案。”如此细致、清晰的事权划分，充分展现出此次事权划分改革的力度和成效，也表明，新时期我国政府职能转变的一个突出的特点，就是要在法治框架内，理顺中央政府与地方政府之间的职能划分，科学配置中央政府和地方政府的权限，实现两者之间的良性互动与发展。

二、中央和地方事权划分的实质：政府职能的内部转变

2013 年党的十八届三中全会明确提出：“适度加强中央事权和支出责任，国防、外交、国家安全、关系全国统一市场规则和管理等作为中央事权；部分社会保障、跨区域重大项目建设维护等作为中央和地方共同事权，逐步理顺事权关系；区域性公共服务作为地方事权。”2014 年党的十八届四中全会又进一步提出：“推进各级政府事权规范化、法律化，完善不同层级政府特别是中央和地方政府事权法律制度，强化中央政府宏观管理、制度设定职责和必要的执法权，强化省级政府统筹推进区域内基本公共服务均等化职责，强化市县政府执行职责。”这可以说为新时期我国中央与地方事权划分奠定了基础。2015 年《立法法》修改，对中央与地方事权划分提供了法律上的依据。那么，为什么要划分中央与地方的事权范围，并以此为基础推动财税体制改革？我们认为，中央与地方事权划分的实质是政府职能的内部转变。事权究其含义而言，虽然在财政学上专指财政支出的责任，但是从公法学的视角而言，事权划分“主要关注央地之间的权力互动和博弈，特别是其间的支配、监督和影响关系，因而对权力划分和博弈以及作为权力管辖对象的事务范围的动态变化（如权力下放、地方自治、地方分权）更为重视”。[①] 权力划分和博弈以及作为权力管辖对象的事务范围的动态变化，实际上就是职责与职权的划分，也就是政府职能的纵向划分。

如果说简政放权着重解决的是政府与市场之间的权力划分，是横向的政府职能的外部转变，那么中央与地方事权划分特别关注的就是中央政府和地方政府、上级政府和下级政府之间的权力划分，是纵向的政府职能的内部转变。这种转变的呈现出两个特点。

---

① 王浦劬：“中央与地方事权划分的国别经验及其启示”，载《政治学研究》2016 年第 5 期，第 45 页。

第一，我国中央与地方事权划分下的政府职能内部转变，是在强调中央统一领导的前提下，适度扩大地方政府职能。中央集权是现代国家形成的基础。恩格斯指出："集权是国家的本质，国家的生命基础，而集权之不无道理正在于此。每个国家必然要力求实现集权，每个国家，从专制君主政体起到共和政体止，都是集权的。美国是这样，俄国也是这样。没有一个国家可以不要集权，联邦制国家需要集权，丝毫也不亚于已经发达的集权国家。只要存在着国家，每个国家就会有自己的中央，每个公民只是因为有集权才履行自己的公民职责。"① 我国长期以来深受浓厚的中央集权文化传统的影响，在中央与地方关系的制度设计方面更是一直坚定地维护中央集权。中国作为一个地域辽阔的大国，如何划分和协调中央政府与省、市、县、乡四级地方政府的权力关系，事关国家安全稳定和社会繁荣。由于中央集权的深刻烙印，我国特别重视维护中央的权威，从制度设计到理念灌输都体现了这一点。例如，在制度设计方面，我国宪法对国务院和地方政府的职责设计具有高度的同质性，导致国务院和地方政府的职责划分非常模糊，这无疑为中央集权提供了便利；在理念灌输方面，我国长期以来一直强调地方服从中央，局部服从大局等理念，这也进一步强化了中央集权的可能性。"中央集权治下实际上是无'地方'可言的，地方政府只不过是政治中枢延伸到四方的'触角'，它在法律形式上没有也不应有自己独立的意志，所要做的仅限于忠实执行中央所下发的指令，最多在一定限度内具有因地制宜式的变通执行权。"② 但是，这种片面强调中央集权的做法，究其实际效果而言，似乎并没有我们想象得那么理想。有学者以山东省和江苏省围绕微山湖问题的纠纷处理为例进行了说明，认为："中央下命令需要和地方商量，也就意味着中央的命令通常需要地方

① 恩格斯："集权与自由"，见《马克思恩格斯全集》第41卷，人民出版社1982年版，第396页。

② 田雷："中央集权的简约治理——微山湖问题与中国的调解式政体"，载《中国法律评论》2014年第2期，第173页。

的同意，而地方的否决也会搁置中央原定的议程。”① 因此，本轮中央与地方事权划分，就是要在强调中央统一领导的前提下，适度扩大地方政府职能，发挥地方的积极性、主动性。

第二，中央与地方事权划分，主要是对公共事务的划分，基本不涉及政治事务划分。事权划分的基本原则要看国家事务的属性。“国家事务的性质取决于政府功能的要求，现代社会的政府功能主要在于，保持宏观经济稳定、调节收入和财富分配以及提供共享物品和服务。不论从哪种角度入手，学者们都承认这样的原则：关乎社会稳定和全局性利益、涉及中央控制的事务应由中央处理，关乎地方局部利益和地方自主性、涉及地方自由发展的事务应归地方处理。”② 本轮中央与地方事权划分的一个显著特点就是，事权的划分主要是围绕公共事务展开的。“公共事务的经济属性，是指在既定的经济所有制和经济运行制度基础上，公共事务活动造成的经济损益特性。……对于不同层级政府的经济损益性来说，相关事务关涉全国公民，主体是中央政府，损失与收益直接影响全国公民，是为全国性公共事务；相关事务关涉一定区域范围，主体是地方政府，损失与收益直接影响相应区域范围的公民，是为地方性公共事务。相关事务外部性产生的损失与收益既影响全国公民，也影响相关地方公民，是为中央与地方共同承担的混合公共事务。”③ 至于国防、外交等政治事务，则只能由中央专属管理，这是我国单一制国家结构形式必然要求。

---

① 田雷：“中央集权的简约治理——微山湖问题与中国的调解式政体”，载《中国法律评论》2014 年第 2 期，第 174 页。

② 邵春霞、彭勃：“论中央集权与地方分权”，载《学习与探索》1996 年第 5 期，第 81 页。

③ 王浦劬：“中央与地方事权划分的国别经验及其启示”，载《政治学研究》2016 年第 5 期，第 48 页。

第五章　机构改革：政府职能转变的组织法分析

第一节　新中国政府机构改革的发展历程

从改革的背景和指导思想来看，我国政府机构改革共经历七次变革，大致分为三个阶段。

一、第一阶段：经济体制改革初期下的机构改革

第一阶段改革核心是1982年改革。以精兵简政为主要特点，其意在解决经济体制改革初期人浮于事、领导班子老化等表面化亟须解决的问题。臃肿庞杂的管理结构无法适应改革开放和经济社会的发展。政府机构的改革迫在眉睫。为改变此种现状，提高行政效率，在1982年2月22日五届全国人大常委会第22次会议上通过了《关于国务院机构改革问题的决议》，根据国务院部署，进行了大规模自上而下的机构改革。该次改革历时3年，结合经济体制改革方面进行了有益探索。

在领导班子建设方面，明确规定各级、各部门职权、年龄和文化结构，大幅减少副职，通过改革，国务院副总理人数由原来的13人减为2

人，同时增设相当于副总理的国务委员[①]，以不变级别变职务的方式精简了国务院领导体制。[②] 通过精简领导班子和废除领导职务终身制，加快干部队伍年轻化。

在精简机构方面，国务院各部委、直属机构、办事机构由100个裁剪并调整为61个；省、自治区政府工作部门从50～60个减为30～40个；直辖市政府机构设置稍多于省（区）政府工作部门；城市政府机构从50～60个减为45个左右；行署办事机构从40个左右减为20个左右；县政府部门从40个减为25个左右。[③]

在人员编制方面，实行“定编不定员”的办法，国务院各部门由原来的5.1万人减为3万人；省级党政机关人员从18万人减为12万余人；市、县机关工作人员约减20%；行署机关精简幅度更大一些。[④]

这次改革，国务院变动较大的主要包括以下部门[⑤]：一是为加强国务院对日常经济工作的统一指挥，重组国家经济委员会，强化了其职能。二是为统一领导国防工业，将国务院国防工业办公室与中国人民解放军国防科学技术委员会、中央军事技术装备委员会办公室合并，设立国防科学技术工业委员会。三是为推动经济体制改革，成立国家经济体制改革委员会，负责体制改革的总体设计。四是为改变农业管理多头、分散状况，将农业部、农垦部和国家水产总局合并成立农牧渔业部。五是为对应国际市场竞争激烈的现状，集中统一管理对外贸易，将进出口管理委员会、外国

---

① 杨甲镛：《中国政府体制改革研究：以国务院机构改革为中心》，复旦大学2007年博士学位论文，第53页。

② 祝捷：“我国政府机构改革的回顾和反思”，载《广州行政学院学报》2010年第5期，第5页。

③ 申坤、穆江峰：“中国政府机构改革60年的历史变迁与思考”，载《河北青年管理干部学院学报》2012年第3期，第31页。

④ 申坤、穆江峰：“中国政府机构改革60年的历史变迁与思考”，载《河北青年管理干部学院学报》2012年第3期，第31页。

⑤ 杨甲镛：《中国政府体制改革研究：以国务院机构改革为中心》，复旦大学2007年博士学位论文，第52页。

投资管理委员会、对外经济联络部和对外贸易部合并，设立对外经济贸易部。六是为适应多种经济形式和多种经营方式的体制需要。将商业部、全国供销合作总社和粮食部合并，成立统一商业部。七是为适应机构改革及经济体制改革需要，妥善处理人员问题，组建劳动人事部。再次改革中，将新华通讯社作为国务院组成部门。

二、第二阶段：向市场经济转轨时期下的机构改革

第二阶段的机构改革分别包括1988年、1993年、1998年和2003年4次改革，以调整政府职能为主要特征，这一阶段改革主要与经济体制改革相适应，以调整经济管理部门为主。

（一）1988年政府机构改革

1982年机构改革由于并未触动高度集中的计划经济管理体制，其就精简而精简的模式使政府机构不久后又出现膨胀。1987年中央政府有常设机构72个，非常设机构67个，加上若干直属事业单位，共计5万余人。建议国务院着手政府体制改革方案。1987年10月开始，按照各部门定职能、定机构、定编制的要求，国务院拟订了机构改革的实施方案，并于1988年七届全国人民代表大会一次会议审议通过。

1988年政府改革中首次提出了转变政府职能的要求，转变职能主要是指界定政府职能范围。厘清政府管与不管的界限[①]；通过政府职能转变，主要实现权力下放、机构和人员的精简，实现政企分开。改革要求政府管理由直接管理转向间接管理，由微观管理转向宏观管理、由部门管理转向全行业管理、由管治当头转向服务监督、将机关后勤服务工作社会化。按照此次改革方案，国务院共撤销12个部委，新组建9个，保留32个，转为事业单位1个。具体包括：为加强宏观经济管理职能，强化政府对宏观经济活动的调节控制能力，撤销原国家计委、国家经委，组建新的

① 石佑启、陈咏梅：《行政体制改革及其法治化研究》，广东教育出版社2013年版，第40页。

国家计划委员会；为了推行国家公务员制度，强化人事管理职能，加强劳动工作，撤销劳务人事部，组建人事部和劳动部；为了加强物资的综合管理，促进物资流通，撤销国家物资局，组建物资部；为了调整能源机构，加快能源建设，撤销煤炭工业部、石油工业部、核工业部，组建能源部，水利电力部中的电力部分划归该部；为了有效管理城市建设和村镇建设，撤销城乡建设环境保护部，组建建设部；为了加强机械、电子工业行业的宏观管理，撤销国家机械工业委员会、电子工业部，组建机械电子工业部；为了促进科技发展，提高国家竞争能力，加强对航空航天工业的行业管理，撤销航空工业部、航天工业部，组建航空航天工业部；为了整合水利职能，将电力部门规划能源部，成立单独的水利部；由于新华通讯社不具有政府行政管理职能，所以不再列入国务院行政机构序列；农牧渔业部由于职能需要扩大，更名农业部。改革方案中将办事机构由 4 个调整为 5 个，直属机构由 22 个调整为 19 个，部委归口管理国家局由 14 个调整为 15 个。国务院非常设机构原有 77 个，经清理，减为 44 个，机构改革后国务院人员编制比原来减少了 9700 多人。另外，由于 1982 年“立编不立员”政策，造成大量人员超编，因此 1988 年机构主要在于精减人员实行定编、定岗、定员。[①] 但由于此次改革后不久，中国经济就进入治理整顿时期，改革深入受到较大影响，原本提出的职能转变并未实现。

（二）1993 年政府机构改革

1993 年机构改革是根据党的十四大精神，围绕建立社会主义市场经济体制的目标，解决政府体制中关系不顺，机构庞杂、效力低下等有碍于经济体制改革和深化的现状。党的十四届三中全会通过的《中共中央关于建立社会主义市场经济体制若干问题的决定》明确指出：目前各级政府普遍存在机构臃肿、人浮于事、职能交叉、效率低下的问题，严重阻碍

① 杨甲镛：《中国政府体制改革研究：以国务院机构改革为中心》，复旦大学 2007 年博士学位论文，第 61 ~ 64 页。

企业经营机制的转换和新体制的建立进程，要按照政企分开和精简、统一、效能的原则，继续并尽早完成政府机构改革。政府经济管理部门要转变职能，专业经济部门要逐步减少，综合经济部门做好综合协调工作，同时加强政府的社会管理职能，保证国民经济正常运行和良好的社会秩序。

按照这一要求，政府由微观管理转向宏观调控，将属于企业的权力下放，凡国家法令规定属于企业职权的，各级政府不得干预。凡由企业解决的问题交由企业自己解决，做到宏观管好，微观放开。要完善行政运行体系，理顺中央和地方的关系发挥中央与地方积极性，使地方在中央的指导下，因地制宜发展好本地区经济文化事项，形成中央与地方的协调体系。[①] 1993 年 3 月，党的十四届二中全会讨论通过了机构改革方案，这是第一次在中央全会上讨论通过机改方案。随后，八届全国人大一次会议审议通过了《国务院机构改革方案》，分别对综合经济部门、专业经济部门、社管部门、直属机构和非常设机构提出改革要求。[②] 综合经济部门保留国家计委、财政部、中国人民银行，在经贸办的基础上新组建经贸委。专业经济部分改革分三类，一类保留和新设机构、转变职能、精减人员，如撤销机械电子部，设立机械部；另一类改为企业性质，不承担政府行政管理职能，如撤销了航空航天部，组建国家航空工业总公司、航天工业总公司；其余类改为行业总会，成为国务院直属事业单位，如将轻工业、纺织部改为轻工总会、纺织总会。另外，国务院直属机构、办事机构和部委归口管理的国家局，分三种情况进行改革：一类并入有关部委，作为部委的职能局；一类成为部委管理内的国家局；另外一类保留直属机构、办事机构。通过上述改革，国务院组成部门设置为 41 个，直属机构调整为 13 个，办事机构从原有的 9 个减少为 5 个，国务院非常设机构大幅裁减，由

① 杨甲镛：《中国政府体制改革研究：以国务院机构改革为中心》，复旦大学 2007 年博士学位论文，第 124 页。

② 杨甲镛：《中国政府体制改革研究：以国务院机构改革为中心》，复旦大学 2007 年博士学位论文，第 70 页。

85 个减少到 26 个，国务院各部门不论保留或者设置都进行严格定编定员，国务院人员精减平均为 20% 左右。此外，政府机构适应了建设社会主义市场经济的需要，但仍存在诸多问题未得到根本性解决。机构重叠庞大，人浮于事的现象依然严峻。

（三）1998 年机构改革

1998 年的国务院机构改革，是改革开放以来力度最大，人员精减最多的一次壮举。党的十五大报告提出推进机构改革的方针政策。党的十五届一中全会对此项工作作了部署。时任国务院副总理的朱镕基同志亲自主持该项工作，起草了国务院机构改革方案。按照十五大要求，突出强调要按照社会主义市场经济的要求，转变政府职能，实现政企分开，将企业生产经营管理的权力切实交给企业；根据精简、统一、效能的原则进行机构改革，建立办事高效、运转协调、行为规范的行政管理体系。[①] 将综合管理部门改组为宏观调控部门，加强执法监督部门，培育和发展社会中介组织，实现权责一致，调整部门职责权限，克服政出多门弊端，深化政治体制和人事制度改革，严格控制机构膨胀。与之前的改革相比，此次国务院机构改革有其显著特点：（1）此次改革实现了政企分开，尽管政企分开改革之初就已提出，也向企业下放了许多权利，但两者关系未有根本性改变，政府作为企业的“婆婆”，一定程度上压制了企业的自主经营，此次改革撤销了电力工业部、煤炭工业部、冶金工业部、电子工业部等几乎所有的工业专业经济部门，在一定程度上取消了国家与企业之间的“二道贩子”，企业没了“婆婆”约束，直接面向市场，参与市场竞争，同时自主经营、自负经营，成为市场竞争主体，实现政企分开。（2）按照十五大要求，将综合管理部门改为宏观调控部门，将国家计委、国家经贸委等综合部门职能进行调整，将其更名或撤销更改为宏务院议事机构。

① 杨甲镛：《中国政府体制改革研究：以国务院机构改革为中心》，复旦大学 2007 年博士学位论文，第 72 页。

(3) 为适应社会发展设立信息产业部、国土资源部，人事、民政、社会保险等工作统一交由新设立的劳动与社会保障部管理，将原来分管药品、药政、药检三部门统一交由药品监督管理局管理等。另外，朱镕基在国务院全体一次会议中强调，国务院机构改革，要求真正转变职能，实行政企分开，各部委的内设机构、领导职数要减少，人员要精简，各部门要制订"三定"方案，先定职能，再定编制，定人数，三定工作在此年底以前完成。

此次机构改革，国务院组成部门由40个精简为29个，部门内设机构减少200多个，行政编制由原先3100的基础上，精简47.5%，在人员分流的安排上迈出扎实的一步。

(四) 2003年机构改革

2003年中共十六届二中全会通过了《关于深化行政管理体制和机构改革的意见》。同年3月，十届全国人大一次会议第三次全体会议通过了关于国务院机构改革的决议。此次改革，按照社会主义市场经济的要求，转变政府职能，实现政企分开，依照精简、统一、效能的原则，调整政府组织结构，提高行政管理水平，提高行政效率。合理配置政府部门职责权限，克服多头管理、政出多门的弊端，使权责相适应。改革主要任务包括[①]：(1) 深化国有资产管理体制改革，设立国务院国有资产管理委员会，为国务院直属特设机构；(2) 完善宏观调控体系，将国家发展计划委员会改组为国家发展和改革委员会，不予保留国家经济贸易委员会、对外贸易经济合作部；(3) 健全金融监管体制，设立中国银行监督管理委员会；(4) 继续推进流通管理体制改革，组建商务部；(5) 加强食品安全和安全生产监管体制建设，在国家药品监督管理局的基础上组建国家食品药品监督管理局。改革后，除国务院办公厅外，国务院组成部门设置为

---

① 杨甲镛：《中国政府体制改革研究：以国务院机构改革为中心》，复旦大学2007年博士学位论文，第140页。

28个。

三、第三阶段：回归机构改革本身的“大部制”改革

（一）2008年机构改革

党的十七大报告中指出：要加快行政管理体制改革，建设服务型政府。行政管理体制改革是深化改革的主要环节，要抓紧制订行政管理体制改革总体方案，着力转变职能、理顺关系、优化机构、提高效能，形成权责一致、分工合理、决策科学、执行顺畅、监督有力的行政管理体制。为贯彻落实党的十七大精神，中国共产党第十七届中央二中全会通过了《关于深化行政管理体制改革的意见》，提出了到2020年建立比较完善的中国特色社会主义行政管理体制的总体目标。此次改革进一步加快政府职能转变，进一步推进政企分开、政资分开、政事分开、政府与市场中介组织分开，将不该由政府管理的事项转移出去。[①] 紧紧围绕职能转变和理顺职责关系，进一步优化政府组织机构，探索实施“大部制”体制改革，尽可能避免职能交叉、政出多门的问题。根据《关于深化行政管理体制改革意见》，要求必须坚持发挥中央与地方两个积极性，在中央统一领导下，鼓励地方结合实际改革创新，实现因地制宜，如2009年年初，广东省颁布《关于深圳等地深化行政管理体制改革先行先试的意见》，将深圳、广州、珠海等地列入“创新行政管理体制先行先试”地区。另外，以襄汾溃坝事故和三鹿奶粉等事件为标志，我国掀起问责风暴，要求建立以行政首长为重点的行政问责制度，明确问责范围、规范问责程序、加大责任追究力度，提高公信力，建设责任政府成为中国行政体制改革的目标之一。此次改革，裁撤建设部、交通部、信息产业部、人事部、劳动保障部、国防科工委，新建住房和城乡建设部、交通运输部、工业和信息化

---

① 冯火红、薛林峰、王伟：“‘大部制’改革背景下我国地方政府社会体育行政改革研究”，载《北京体育大学学报》2011年第8期，第6页。

部、人力资源和社会保障部、环境保护部，除国务院办公厅外，国务院组成部门设置27个。之后2009年，省、市、县政府机构改革，通过“三定工作”将改革各项要求落到实处。

（二）2013年新一轮机构改革

党的十八大指出，要深化行政体制改革，深入推进政企分开、政资分开、政事分开、政社分开，建立职能科学、结构优化、廉洁高效的服务型政府。稳步推进“大部制”改革，健全部门职责体系，严格控制机构编制，减少领导职数，降低行政成本。2013年，国务院发布《国务院机构改革和职能转变方案》，开启新一轮“大部制”改革。这次机构改革重点围绕转变职能和理顺关系，实行铁路政企分开，整合食品药品、海洋、新闻出版和广播电影电视等机构，具体内容包括[①]：（1）实行铁路政企分开，将铁道部拟定铁路发展规划和政策的行政职责划入交通运输部。交通运输部统筹规划铁路、公路、水路、民航发展，加快推进综合交通运输体系建设。组建国家铁路局，由交通运输部管理、承担铁道部的其他行政职责，负责拟定铁路技术标准，监督管理铁路安全生产、运输服务质量和铁路工程质量等。组建中国铁路总公司，承担铁道部的企业职责，负责铁路运输统一调度指挥，经营铁路客货运输业务，承担专运、特运任务，负责铁路建设，承担铁路安全生产主体责任等。不再保留铁道部。（2）组建国家卫生和计划生育委员会。将卫生部的职责、国家人口和计划生育委员会的计划生育管理和服务职责整合，组建国家卫生和计划生育委员会。不再保留卫生部、国家人口和计划生育委员会。（3）组建国家食品药品监督管理总局。将国务院食品安全委员会办公室的职责、国家食品药品监督管理局的职责、国家质量监督检验检疫总局的生产环节食品安全监督管理职责、国

① 马凯：“关于国务院机构改革和职能转变方案的说明”，2013年3月10日在第十二届全国人民代表大会第一次会议，http：//www. gov. cn/2013lh/content_ 2350848. htm，访问日期：2016年11月6日。

家工商行政管理总局的流通环节食品安全监督管理职责整合，组建国家食品药品监督管理总局。保留国务院食品安全委员会，具体工作由国家食品药品监督管理总局承担。国家食品药品监督总局加挂国务院食品安全委员会办公室的牌子。新组建的国家卫生和计划生育委员会负责食品安全风险评估和食品安全标准的制定。农业部负责农产品质量安全监督管理。将商务部的生猪定点屠宰监督管理职责划入农业部。不再保留国家食品药品监督管理局和单设的国务院食品安全委员会办公室。（4）组建国家新闻出版广电总局。将国家新闻出版总署、国家广播电影电视总局的职责整合，组建国家新闻出版广电总局。不再保留国家广播电影电视总局、国家新闻出版总署。（5）重新组建国家海洋局。将现国家海洋局及其中国海监、公安部边防海警、农业部中国渔政、海关总署海上缉私警察的队伍和职责整合，重新组建国家海洋局，由国土资源部管理。国家海洋委员会的具体工作由国家海洋局承担。（6）重组国家能源局。将现国家能源局、国家电力监管委员会的职责整合，重新组建国家能源局，由国家发展和改革委员会管理。主要职责是，拟定并组织实施能源发展战略、规划和政策，研究提出能源体制改革建议，负责能源监督管理等。不再保留国家电力监管委员会。

此次改革，国务院正部级机构减少 4 个，其中组成部门减少 2 个，副部级机构增减相抵数量不变。改革后，除国务院办公厅外，国务院组成部门设置为 25 个。

第二节　新中国政府机构改革的经验教训

一、机构改革取得的历史性进步

（一）基本建起适应国情和我国现代化建设的机构体系

1982 年以前，我国政府机构臃肿庞杂，行政效率低下，尤其是经济管理部门多如牛毛。1982 年，机构改革以精兵简政为主要特征，对机构的精简做了初步有益的探索，随着市场经济的不断深入发展，政府机构呈现出多元化和体系化的倾向，经过多次改革，从直观来说，政府机构设置包括政务部门、经济调控与管理部门、社会管理服务部门三大块。分别负责国家政治方面事务、经济管理事务以及各种社会管理和服务。邓小平说："机构精简是一场革命"，这次改革在机构精简与完善中达到斐然的成效，为之后的机构改革打下基础。

（二）转变政府职能，初步形成"四位一体"的职能结构

1988 年国务院机构改革首次提出了政府职能转变，以自上而下的方式首先在中央层级实施，通过转变政府职能，实现权力下放。改革不搞简单的撤减合并，而是转变职能，按政企分开的原则，把直接管理企业的职能转移出去，把直接管钱、管物的职能放下去，把决策、咨询、调节、监督等职能加强起来。使政府对企业由直接管理为主逐渐转到间接管理为主。[①] 1988 年机构改革明确提出职能转变的地位和意义。1993 年机构改革是在确立社会主义市场经济体制背景下进行的，按照政企分开和精简、统一、效能原则，转变职能、理顺关系、精兵简政、提高效率。[②] 在 1982 年基础上提出的转变职能要求，无论从广度、深度亦或是内涵、外延都有所拓宽和延伸。1997 年党的十五大把转变政府职能要求与新建新型行政管理体制及法治化紧密结合，使政府职能转变工作具有了思想和理论基础。2003 年机构改革进一步强调政府职能转变，在 1998 年基础上进一步精简机构。从总体而言，前几次改革都以经济职能从微观控制向宏观管理转变为主。从直接管项目、管审批向管规划、管标准和精简、统一、效能原则，转变职能、理顺关系、精兵简政、提高效率。在 1982 年基础上提出

① 杨甲镛：《中国政府体制改革研究：以国务院机构改革为中心》，复旦大学 2007 年博士学位论文，第 58 页。

② 杨甲镛：《中国政府体制改革研究：以国务院机构改革为中心》，复旦大学 2007 年博士学位论文，第 124 页。

的转变职能要求，无论从广度、深度亦或是内涵、外延都有所拓宽和延伸。1997 年党的十五大把转变政府职能要求与新建新型行政管理体制及法治化紧密结合，使政府职能转变工作具有了思想和理论基础。2003 年机构改革进一步强调政府职能转变，在 1998 年基础上进一步精简机构。从总体而言，前几次改革都以经济职能从微观控制向宏观管理转变为主。从直接管项目、管审批向管规划、管标准转变。自 2008 年起，率先探索实行职能有机统一的大部门体制改革，以改变民生为重点加强与整合社会管理和公共服务部门，从而建立起包括经济、政治、文化和社会诸方面职能综合，实现职能的“四位一体”，转变由主要对经济管理体制改革向各项职能全面改革转变。

（三）确立服务型政府理念

党的十七大强调加快行政管理体制改革，建设服务型政府包括转变职能、理顺关系、优化结构、健全政府职责体系、完善公共服务体系、推行电子政务等。机构改革是围绕服务型政府理念而形成，该理念的确立为政府改革提供理想保障，打破了政府对经济、社会绝对管控的模式，突破了计划经济时期的管理型理念，同时也是对两千多年来官本位思想桎梏的打破。在我国服务型政府理念是一种全新的理念，服务型政府职能不能简单地理解为对经济、政治、社会职能的全面履行，而是应当明确其职能的重心和侧重点，即对各项职能的全方面顾及。尤其是社会职能更是服务型政府未来的职能重心。亚当·斯密的《国富论》指出：“如果一个政府不进行公正正规的管理，商业和制造业很少能长期繁荣，人们对其拥有的财产也没有安全感，合同也得不到法律的保护。”① 社会管理职能是服务型政府应当承担的一项基本职能。而历次机构改革正式对这一理念的实践与探索，区别于传统管制型政府和全能型政府。2008 年之后的改革纠正过去过于强调和重视经济责任履行的片面性，从政府各个职能入手，予以转变

① ［英］亚当·斯密著：《国富论》，杨敬年译，陕西人民出版社 2001 年版，第 106 页。

和管理，逐渐确立并完善服务型政府理念。

（四）基本理顺关系

旧体制的弊端在于忽视市场作用，企业成为行政机关的附属，这既阻碍了经济发展，又增加了行政机关的负担。政府在改革中注重上下级权力的分配，而忽视对政府与企业间权力的划分、政府与社会中介间社会权力的划分。简单的下放、上收或者变更权力，只是将不同权力在政府上下级、政府各部门间摇摆变动。上下级政府间、各部门间职责不清，政府包揽过多、过细的弊端要求理顺关系包括理顺政府间、政府与企业间、政府与社会间的关系。自 1998 年以来，国务院机构改革在调整职能、理顺关系方面做了前所未有的突破。在机构改革中，初步确立了部门的基本职能，明确部门的地位、作用、职责权限和工作任务以及相关部门间的联系协调方式。将业务相近、性质相同、难以协调的部门合并到一起，从而避免职责分配不清，互相扯皮的状况。① 通过转变政府职能，理顺关系，转变管理方式，我国初步建立了办事高效、运转协调、行为规范的行政管理体制，为我国的现代化建设提供了相应的组织保障和体制动力。②

二、机构改革的反思

（一）机构改革内容被动、重复

我国政府机构改革的被动性大于主动的前瞻性。20 世纪 80 年代末以来，我国财政、人员、官僚主义、体制等方面都遭受巨大的压力，尤其是在加入世界贸易组织之后，受到国际通行游戏规则的限制，我国政府面临前所未有的发展困境，迫使政府不得不进行自我的改革。虽然专家、学

---

① 张文明、杨秀清、冯云生：《精简·统一·效能——中国政府机构及行政管理体制改革》，广西师范大学出版社 1998 年版，第 169 页。

② 刘海霞："邓小平精简机构的基本思路"，载《内蒙古民族大学学报（社会科学版）》2011 年第 1 期，第 107 页。

者、政府官员都意识到改革的重要性以适应社会发展，但部门内部官员对于改革往往并不积极。

我国历次机构改革基本围绕着中央与地方、政府与企业间的权力划分，其目的显然是调动中央与地方积极性，同时发挥企业的自主性，实现政企分开。在经济建设关键时期，改革一般以上收权力为主，对于上次改革中精简的机构要么重新恢复，要么变个名称重新设立，但是职能方面不做大的变动。在经济建设困难时期，往往大幅度精简、合并机构，尤其是经济管理部门，自改革开放以来变动最多，经济职能部门经历反复的精简、合并、膨胀、再精简的循环过程，政府职能机构的设置极不稳定。由于机构改革缺乏法治基础，其变动往往具有随意性。比如在能源领域：1988 年组建能源部，1993 年撤销，自此十多年间再没有一个统一的能源管理部门，1998 年降格为经贸委代管的行业局分设，2003 年撤销所有的能源管理机构，2005 年成立国家能源领导小组，下设办事机构“国家能源领导小组办公室”，2008 年成立了两个机构：一是国家能源委员会，属于高层次议事决策机构；二是国家能源局，由国家发改委管理。[①] 由于没有法律的形式（机构法、编织法、组织法等）巩固改革的成果，改革内容仅以政府文件进行规范，因此改革不具有确定性。这种随意性导致改革成本的提高而行政效率的低下。

（二）机构改革的路径依赖

制度的改革往往具有惯性，容易造成路径依赖，我国机构改革一般都是在原有的管理体制和管理方式上理顺政府关系，而非对行政权力进行深层次的调整与配置，由于我国长期实行计划经济体制，因此我国的机构设置、权力分配都大而全。观察《宪法》《国务院组织法》《地方各级人民代表大会和地方各级人民政府组织法》等宪法和宪法性法律，我们不难

---

① 何颖：“中国政府机构改革 30 年回顾与反思”，载《中国行政管理》2008 年第 12 期，第 26 页。

发现，各级政府行政权力配置，从中央到地方，权力上下一一对应，整个权力配置呈现高度同质化色彩，形成“上下一般粗”的机构设置，弱化了权力的制衡。另外，由于各级政府的职能主要依赖于各部门的具体履行，因此行政权力具体分配给不同的职能部门，造成权力的分散，使政府行政权力弱化，而部门权力强化，这种权力的不合理配置使得政府决策、执行和监督职能无法发挥最大功效，造成资源的浪费。在原有体制中进行机构改革，只能是机构的调整与关系的理顺，不可能产生制度的变革与跃迁。这也是我国政府机构改革不断反复的原因之一。①

（三）机构改革不协调、难以突破体制束缚

自改革开放以来，政府为适应经济体制改革需要，注重对经济管理职能进行调整，而忽视对其社会职能、文化职能等转变，导致机构改革的不协调。② 对于完善公共教育、公共卫生、公共服务，促进就业，实现社会保障等方面，职能转变相对弱化，由于改革的偏向性，造成社会发展难以协调。

政府职能转变是以机构改革为载体的，历次的机构改革都以转变政府职能为重心，但也是基于此，使得职能转变的深度、广度等均囿于机构改革的范围和内容，阻碍了职能转变的进程。政府职能转变的关键在于对行政权力格局的深层次的调整与制度设计，这是一个要有全局性、超前性、引领性、深刻性的制度创新问题。③ 政府职能转变应作为政府机构改革的指导思路，而非机构改革引领政府职能转变。在改革中不能颠倒主次，从而背离改革目的。

① 何颖：“中国政府机构改革30年回顾与反思”，载《中国行政管理》2008年第12期，第27页。

② 何颖：“中国政府机构改革30年回顾与反思”，载《中国行政管理》2008年第12期，第27页。

③ 何颖：“中国政府机构改革30年回顾与反思”，载《中国行政管理》2008年第12期，第27页。

（四）行政权力过度集中，权力交叉形成“部门黑洞”

行政权力从地方政府向中央政府高度集中，相对于中央政府而言，地方政府缺乏完整的组织权和财政权，因此地方事务的发展依赖于中央的领导和指示，加上中央与地方权力配置的高度同质化，使得地方自主权减少，严重影响其主动性、积极性的发挥。

另外，由于各级政府的职能主要依赖于各部门的具体履行，因此往往赋予部门较大的权力，造成部门权力的膨胀，在监督体系不完善的情况下，部门形成“部门黑洞”,[①] 即外部对内部的权力运作没办法了解和监控，部门成了独立的王国。由于部门拥有大量的资源配置权力，造成部门为了自身利益而忽视社会利益。[②] 各部门通过立法或者出台相关政策争夺权力和资源，逐渐形成“行政权力部门化、部门权力利益化、部门利益法制化”的局面,[③] 利益的驱动使得机构改革难以推进，从而制约国家权力整体的发挥和行使。

第三节　机构改革中政府职能转变：行政权的优化配置

一、行政权力在政府间的合理配置

（一）行政权力配置的法治化

“马克思主义认为，仅在权力运行表面寻求权力间的相互制约方式，会使人们忘记权力的本质和根本来源，最终使权力制约成为不同权力执

① 石佑启、陈咏梅：《行政体制改革及其法治化研究》，广东教育出版社2013年版，第171页。
② 石佑启：“论法治视野下行政权力的合理配置”，载《学术研究》2010年第7期，第34页。
③ 石佑启、陈咏梅：《行政体制改革及其法治化研究》，广东教育出版社2013年版，第171页。

掌者之间的权术，而权力应该为何而用的问题始终得不到根本解决。”[①]将权力配置纳入法制轨道有利于从源头实现权力的规范化与合理化。迫使政府职能转变过程合法、明确，不至于反复无常。洛克指出：“政府所有的一切权力，既然只是为社会谋幸福，因而不该是专断的和凭一时高兴的，而是应该根据既定的和公布的法律行使……”行政权力的配置问题亦然。对于权力归属，应该在法律中明确予以界定，通过宪法性法律规范对中央政府与地方政府、政府与各部门间的行政权力划分作出规定，以法律形式将各级政府的利益、职能、责任等固定下来，非经法定事由和法定程序不能随意加以变更，政府间行政权限范围争议通过法律途径加以解决，[②]以使得上级服从下级，地方服从中央，所服从的不再是行政权威而是法律权威。双方之间不再是命令与服从的单向关系，而是分工与协调、沟通与合作的双向关系。[③]另外，公众参与制度、信息公开制度、行政分权等制度建构为权力配置法治化提供了制度保证。

（二）行政权力纵向合理配置

《宪法》第3条规定“中央和地方的国家机构职权的划分，遵循在中央的统一领导下，充分发挥地方的主动性、积极性的原则”。受计划经济体制的影响，我国在中央与地方的关系上，强调中央集权偏多，调动地方的积极性不够。由于经济和社会的发展，迫切需要改变中央高度集权模式，形成中央与地方权责一致、科学分工、相互制约与协作的平衡关系。按照宪法的基本原则，应将中央与地方的行政权力作出明确界定与区分，将其权限范围予以细化，对于涉及国家利益、维护国家安全与稳定、促进国家发展与繁荣等基本事项，均应由中央政府进行管辖，

① 石佑启、陈咏梅：《行政体制改革及其法治化研究》，广东教育出版社2013年版，第177页。
② 石佑启：“论法治视野下行政权力的合理配置”，载《学术研究》2010年第7期，第37页。
③ 石佑启、陈咏梅：《行政体制改革及其法治化研究》，广东教育出版社2013年版，第204页。

对于涉及地方利益、促进地方繁荣发展的各类事项，应由地方政府进行管辖，[①] 而对于涉及地方利益而又不适宜由地方政府全权管辖的事项可由中央与地方共同管辖。对于财权的划分应与事权保持对应统一，使得地方政府充分发挥自主性，为其积极服务社会提供资金保证。另外，除了合理配置中央与地方的行政权力，上下级政府间的权力应予以合理配置，避免上级地方政府高度集权问题。合理划分上下级政府权力，将属于下级政府管理服务的事项交由下级自行处理，使政府服务更好地贴近群众，服务社会。通过上下级权力的分配形成上下互动、相互合作的运行模式，从而有利于资源配置，发挥中央与地方两个积极性，实现社会利益最大化。

（三）行政权力横向合理配置

我国各部门权力间的配置“专业化有余而综合协调不足，相互牵制有余而相互配合不足”。[②] 各部门间权力相互交叉，造成职能上的分工不明。为改变该状况，必须在转变政府职能基础上，将职能相同或类似、管辖相近、业务性质相同的行政权力进行合并，由一个大的部门统一行使该职能。我国对此做了许多有益的探索，如《行政许可法》第 25 条规定：“经国务院批准，省、自治区、直辖市人民政府根据精简、统一、效能的原则，可以决定一个行政机关行使有关行政机关的行政许可权。”该条确立了许可权相对集中制度，是对高效便民原则的重要实践，然而遗憾的是，该制度在实践中尚未普遍推行。仅对某些权力进行相对集中，难以减少行政管理中其他事项的各种冲突，行政权力的集中不只是某项职能行使的简单整合，而是多项职能集中起来，对行政主体、执行依据、责任等方面系统、统一整合。我国现行推行的“大部制”改革是对行政权力结构进行的形式调整，“大部制”不只是对政府各部门外在形式的综合，实现职能统一是“大部制”的精髓所在。以交通管理为例，实行大部制的国

① 石佑启：“论法治视野下行政权力的合理配置”，载《学术研究》2010 年第 7 期，第 37 页。

② 石佑启、陈咏梅：《行政体制改革及其法治化研究》，广东教育出版社 2013 年版，第 205 页。

家，政府交通部门是海、陆、空交通运输事务都管，有的还管旅游、邮政、国土开发等相关事务。这样就把交通职能统一起来，以便于统筹规划各种交通运输事业发展，形成综合性的交通运输体系，发挥组合效率。[①]"大部制"对政府部门采取综合设置，从体制上减少了部门之间的职能交叉、管理分散、协调困难等弊端，[②] 提高了协调能力，"宽职能、少机构"是其鲜明的特征。从内部结构看，实行决策与执行分开，设立专门的执行机构，使政府部门内的核心司局主要负责政策制定，执行机构专门负责政策执行，形成了适合大部制运作的组织结构和运行机制，[③] 通过一系列的权力调整，消除政府横向行政权力的交叉，提高行政效率，使政府各部门能够高效服务和管理。

但是，这种改革模式使得部门职能较宽，涉及领域较广，形成"部门权力化"。为了解决这一问题，2008 年中国共产党第十七届中央委员会第二次会议通过《关于深化行政管理体制改革意见》中明确提出："按照精简统一效能的原则和决策权、执行权、监督权既相互制约又相互协调的要求，紧紧围绕职能转变和理顺职责关系，进一步优化政府组织结构，规范机构设置，探索实行职能有机统一的大部门体制，完善行政运行机制。"[④] 通过对部门决策、执行、监督职能分离，避免部门行政权力过度强大，形成行政系统内部的"三权分立"。具体而言，可就部门内部设立不同的子部门，专项负责部门事务的决策、执行和监督，从而分散大部门的权力。通过部门间职能整合和部门权力的内部分散，实现行政权力的合理分配。

---

① "大部制的内涵及特征"，http：//www. cssn. cn/ts/dlz/rwsk/dbz/201411/t20141104_ 1389628. shtml，访问日期：2016 年 11 月 6 日。

② 石佑启："论法治视野下行政权力的合理配置"，载《学术研究》2010 年第 7 期，第 38 页。

③ "大部制的内涵及特征"，http：//www. cssn. cn/ts/dlz/rwsk/dbz/201411/t20141104_ 1389628. shtml，访问日期：2016 年 11 月 6 日。

④ "关于深化行政管理体制改革意见"，http：//www. cssn. cn/ts/dlz/rwsk/dbz/201411/t20141104_ 1389628. shtml，访问日期：2016 年 11 月 6 日。

二、行政权力在政府与非政府组织间的合理配置

（一）行政权力与权利的互动

我国从计划经济向市场经济转型过程中，企业等经济实体的主体地位得以确立，市民社会逐渐形成，各种社会组织逐步发展壮大，[①] 企业自主自为的模式打破了市场对行政的依赖，为了消除政府对经济发展的过度干预与束缚，个人、企业与非政府的公共力量产生权利的诉求。行政权力与权利的互动关系推动了政府职能的转变，这种互动要求明确界定政府与社会、市场、公民之间权利及权力的划分。哪些属于行政事务，哪些属于公共组织管理事务，哪些属于企业或个人自行决定的事务，都有其特定的疆域。这个互动过程伴随着国家行政权力的下放和收缩以及社会权利的不断扩大，如对于可由企业自决的事项，行政权力对其不再予以过分干预，而对于契约失灵或市场失灵领域，政府予以管理和监督。将行政权力与个人、企业、非政府公共组织权利之间进行合理界分，厘清两者之间关系，确定自己的位置，达到两者动态平衡。

（二）行政权力在政府与公共组织间的划分

“行政权力的集中会降低行政效率，它一方面使得行政部门掌握大量的社会资源，并由于路径依赖的作用可以几乎不受限制地发布命令，成为社会名副其实的统治阶级；另一方面公民的权利意识和人本意识的苏醒和强化使得公民对行政权力集中发出抗议的声音并通过各种行动表达自己的意愿，以夺回本属于自己的或公众共有的权力”。[②] 随着新公共服务理念的兴起，在社会治理的过程中，公共组织发挥着更为重要的作用。自20世纪以来，各国相继出现大量的社会组织，如轻工总会、律

---

① 石佑启：“论法治视野下行政权力的合理配置”，载《学术研究》2010年第7期，第34页。

② 刘玉静：“论公民社会发展中的政府权力配置与行政效率的关系”，载《法制与社会》2008年第18期，第131页。

师协会、同业工会等，我国亦是如此。政府将不该管、管不了、也管不好的事务转移，而社会组织成为最有能力承接政府剥离职能的主体，因此其成为政府职能转变的有效依托。合理的行政权力配置要求政府审视对公共治理的职能范畴，明确政府与非政府公共组织的权力界限。根据萨缪尔森的公共产品理论，有关消费上具有非竞争性和非排他性的为纯公共产品，不具有这两种特征的为私人产品，只具备其中一个特征的是准公共产品。在实践中，很多物品介于纯公共物品与私人物品之间，如公路，依据其所具有的竞争性和排他性的不同程度就可划分为不同的类型：不拥挤也不收费的公路可近似为纯公共产品，反之则为私人产品；拥挤但不收费或不拥挤但收费的公路如高速公路可视为准公共产品。[①] 对于纯公共物品，原则上应由政府提供，如国防、法律制度、行政管理、基础科学研究、环境保护。对于这类物品，由于私人无利可图，市场难以调节，因此只能交由政府提供，这类权力应由政府掌握。对准公共物品，由于其兼具纯公共物品与私人物品的特质，且公共需求总是处在不断变动中，因而纯粹的市场调节或纯粹的政府管理都缺乏科学性以及效率。如公共图书馆，原则上应由政府提供，但对于收费式的图书馆可由私人予以管理；又如自来水、煤气等产品可由私人企业生产，但为了达到最优配置，一般按边际成本价收费，此时需要政府对亏损予以补贴，弥补企业损失。[②] 对于政府能够管理且能使利益最大化的领域，政府应该予以管理，反之，该领域的权力政府应积极让与，否则即构成越权。对于应由市场提供的物品或服务，政府可予以监管，但不能过分干预，对于应由政府提供的物品，政府应该积极履责，在市场能予以配合的情况下，可由市场介入。非政府公共组织在公共服务领域同样享有公共权力，因此在转变政府职能时，合理界分政府与公共组织的关系和权限有其必要

---

① 程浩、管磊："对公共产品理论的认识"，载《河北经贸大学学报》2002年第6期，第12页。
② 程浩、管磊："对公共产品理论的认识"，载《河北经贸大学学报》2002年第6期，第16页。

性。对非政府组织的性质、职能、权限、责任应予以明确规定，形成政府与非政府组织间行政权力的有效对接。行政权力的优化配置要求明确政府权力在整个社会内部权力的界限划分，从而有效保证我国政府职能科学合理转变。

参考文献

（一）中文专著

［1］石佑启，等. 论行政体制改革与行政法治［M］. 北京：北京大学出版社，2009.

［2］李龙. 良法论［M］. 武汉：武汉大学出版社，2005.

［3］石佑启. 论公共行政与行政法范式转换［M］. 北京：北京大学出版社，2003.

［4］崔卓兰，等. 我国政府行政模式创新研究［M］. 长春：吉林人民出版社，2009.

［5］胡敏洁. 福利权研究［M］. 北京：法律出版社，2008.

［6］陈国权，等. 责任政府：从权力本位到责任本位［M］. 杭州：浙江大学出版社，2009.

［7］张文显. 法哲学基本范畴研究：修订版［M］. 北京：中国政法大学出版社，2001.

［8］杨平，等. 现代行政给付的原理及应用［M］. 长春：吉林出版集团，2015.

［9］章剑生. 现代行政法基本理论［M］. 北京：法律出版社，2008.

［10］杨海坤，等. 中国行政法原论［M］. 北京：中国人民大学出版社，2007.

［11］宋功德. 行政法哲学［M］. 北京：法律出版社，2000.

［12］陈新民. 公法学札记［M］. 北京：中国政法大学出版社，1999.

[13] 卓泽渊. 法的价值论 [M]. 北京：法律出版社，2006.

[14] 陈新民. 中国行政法学原理 [M]. 北京：中国政法大学出版社，2002.

[15] 周佑勇. 行政法基本原则研究 [M]. 武汉：武汉大学出版社，2005.

[16] 敖双红. 公共行政民营化法律问题研究 [M]. 北京：法律出版社，2008.

[17] 叶必丰. 行政法的人文精神 [M]. 北京：北京大学出版社，2005.

[18] 张文显. 法哲学通论 [M]. 沈阳：辽宁人民出版社，2009.

[19] 江必新. 法治政府的制度逻辑与理性构建 [M]. 北京：中国法制出版社，2014.

[20] 俞可平. 论国家治理现代化 [M]. 北京：社会科学文献出版社，2014.

[21] 翁岳生. 行政法：上、下 [M]. 北京：中国法制出版社，2009.

[22] 廖原. 法治视野下行政内部监督研究 [M]. 北京：中国政法大学出版社，2015.

[23] 杨建顺. 比较行政法——给付行政的法原理及实证性研究 [M]. 北京：中国人民大学出版社，2008.

[24] 李军鹏. 责任政府与行政问责制 [M]. 北京：人民出版社，2009.

[25] 郑贤君. 地方制度论 [M]. 北京：首都师范大学出版社，2000.

[26] 封丽霞. 中央与地方关系法治化研究 [M]. 北京：北京大学出版社，2008.

[27] 张千帆. 国家主权与地方自治 [M]. 北京：北京大学出版社，2012.

(二) 中文译著

[1] [日] 盐野宏. 行政法 [M]. 杨建顺, 译. 北京: 法律出版社, 1999.

[2] [德] 汉斯·沃尔夫, 等. 行政法: 一、二、三卷 [M]. 高家伟, 译. 北京: 商务印书馆, 2002.

[3] [韩] 金东熙. 行政法: I、II [M]. 赵峰, 译. 北京: 中国人民大学出版社, 2008.

[4] [英] 哈洛. 法律与行政: 上、下卷 [M]. 杨伟东, 等, 译. 北京: 商务印书馆, 2004.

[5] [英] 威廉·韦德. 行政法 [M]. 徐炳, 译. 北京: 中国大百科全书出版社, 1997.

[6] [日] 大桥洋一. 行政法学的结构性变革 [M]. 吕艳滨, 译. 北京: 中国人民大学出版, 2008.

[7] [德] 毛雷尔. 行政法总论 [M]. 高家伟, 译. 北京: 法律出版社, 2000.

[8] [美] 珍妮特·登哈特, 等. 新公共服务: 服务, 而不是掌舵 [M]. 方兴, 译. 北京: 中国人民大学出版社, 2010.

[9] [美] 盖伊·彼得斯. 政府未来的治理模式 [M]. 张成福, 译. 中国人民大学出版社, 2013.

[10] [美] 戴维·奥斯本, 等. 再造政府 [M]. 谭功荣, 译. 北京: 中国人民大学出版社, 2010.

[11] [美] 萨瓦斯. 民营化与公私部门的伙伴关系 [M]. 周志忍, 译. 北京: 中国人民大学出版社, 2002.

(三) 期刊论文

[1] 郑敬高, 等. 从"国家意志"到"行政法治"——在法律与政策关系上的泛法律观 [J]. 中国地质大学学报: 社会科学版, 2007 (5).

[2] 姜明安. 公民参与与行政法治 [J]. 中国法学, 2004 (2).

[3] 应松年. 依法行政论纲 [J]. 中国法学, 1997 (1).

[4] 张文显. 法治与国家治理现代化 [J]. 中国法学, 2014 (4).

[5] 王学辉, 等. 国家治理价值体系现代化与行政法学理论基础的重构 [J]. 行政法学研究, 2014 (4).

[6] 徐继敏. 国家治理体系现代化与行政法的回应 [J]. 法学论坛, 2014 (2).

[7] 袁曙宏. 服务型政府呼唤公法转型——论通过公法变革优化公共服务 [A] //中国法学会行政法学研究会 2008 年年会论文集.

[8] 任广浩. 国家权力纵向配置的法治化选择 [J]. 河北法学, 2009 (5).

[9] 邓伟. 国家治理的法治路径——从财税法治对中央与地方关系的调整谈起 [J]. 石河子大学学报: 哲学社会科学版, 2015 (4).

[10] 江必新. 行政法学研究应如何回应服务型政府的实践 [J]. 现代法学, 2009 (1).

[11] 何显明. 基于国家治理体系现代化的简政放权逻辑 [J]. 行政管理改革, 2015 (7).

[12] 孟庆国. 简政放权背景下创新政府职能管理的方法路径 [J]. 国家行政学院学报, 2015 (4).

[13] 杨建顺. 论“服务型政府”在行政法上的定位 [J]. 河南省政法管理干部学院学报, 2009 (1).

[14] 严仍昱. 社会治理创新视阈下的简政放权 [J]. 理论视野, 2014 (12).

[15] 宣晓伟. 推进中央和地方事权划分的法治化 [J]. 中国党政干部论坛, 2015 (10).

[16] 王丛虎. 我国服务型政府的行政法分析 [J]. 中国行政管理, 2007 (6).

[17] 白晓峰. 预算法视角下的中央与地方关系 [J]. 法商研究, 2015 (1).

［18］冯兴元，等. 政府公共服务事权划分混乱的成因与对策［J］. 国家行政学院学报，2005（3）.

［19］胡宗仁. 政府职能转变视角下的简政放权探析［J］. 江苏行政学院学报，2015（3）.

［20］郑毅. 中央与地方事权划分基础三题——内涵、理论与原则［J］. 云南大学学报法学版，2011（4）.

［21］贺荣. 我国转型社会中服务型政府法治化研究［J］行政法学研究，2010（4）.

（四）学位论文

［1］杜晓溪. 城乡协调发展背景下政府职能转变研究［D］. 华中师范大学博士学位论文，2011.

［2］赵光勇. 治理转型、政府创新与参与式治理［D］. 浙江大学博士学位论文，2010.

［3］程李华. 现代国家治理体系视阈下的政府职能转变［D］. 中共中央党校博士学位论文，2014.

［4］梁学伟. 我国中央与地方关系的变迁及其走向研究［D］. 吉林大学博士学位论文，2008.

［5］关海棠. 宪政架构下的地方分权研究［D］. 吉林大学博士学位论文，2013.